国家社会科学基金一般项目(14BJY109)

粮食主产区农地流转模式选择和机制优化

LIANGSHI ZHUCHANQU NONGDI LIUZHUAN
MOSHI XUANZE HE JIZHI YOUHUA

孟俊杰　上官彩霞　王　静　孙建军　等　著

中国农业出版社
北　京

图书在版编目（CIP）数据

粮食主产区农地流转模式选择和机制优化 / 孟俊杰
等著 .—北京：中国农业出版社，2021.9
ISBN 978-7-109-28746-4

Ⅰ.①粮…　Ⅱ.①孟…　Ⅲ.①粮食产区－农业用地－
土地流转－研究－中国　Ⅳ.①F321.1

中国版本图书馆 CIP 数据核字（2021）第 185169 号

中国农业出版社出版

地址：北京市朝阳区麦子店街 18 号楼
邮编：100125
责任编辑：赵　刚　　文字编辑：邓琳琳
版式设计：王　晨　　责任校对：周丽芳
印刷：北京中兴印刷有限公司
版次：2021 年 9 月第 1 版
印次：2021 年 9 月北京第 1 次印刷
发行：新华书店北京发行所
开本：720mm×960mm　1/16
印张：9.25
字数：135 千字
定价：58.00 元

作 者 名 单

主　编　孟俊杰

副主编　上官彩霞　王　静　孙建军

编　者　孟俊杰　上官彩霞　王　静　孙建军

　　　　许保疆　孟　瑶　李　柯　郭海源

　　　　刘诗涵　侯宏伟　梅星星

前　言

党的十八大以来，中央和国务院文件均提出要稳定农村土地承包关系，鼓励农地承包经营权向新型农业经营主体流转，发展多种形式的规模经营。这既是解决未来"谁来种地、谁来种粮"难题、促进农业高质量发展的重要路径，也是"十四五"时期我国实现产业兴旺、农业农村现代化的重要动力。多年来，我国各地对促进农地流转进行了长期探索，取得了突出成就，农地流转面积和规模不断加大，涌现出一些具有推广价值的典型模式。粮食主产区农地流转速度虽然滞后于东部发达地区省份，但发展也比较快，在实践中探索了多种模式，不少地方甚至出现整村流转现象。然而，进入新发展阶段之后，农业农村现代化发展面临着新形势新任务，农地流转也出现了一些新问题，如土地流转服务体系需要进一步优化、"非农化"和过度"非粮化"风险防范仍需加强、相关配套政策落实存在困难、金融支撑体系期待优化提升、大户退租退耕现象屡屡发生等，这些问题迫切需要研究破题。同时，也需要对农地流转和规模经营新模式的特征和效果进行系统分析，以便有效推广。

为此，河南省农业科学院农业农村经济研究团队，围绕农地流转和农业适度规模经营问题进行了长期研究。本书是在孟俊杰副研究员2019年主持完成的国家社会科学基金一般项目《粮食主产区农地流转模式比较和机制创新研究》（14BJY109）的基础上完成的。同时，本书还吸收了孟俊杰副研究员2011年主持完成的河南省政府决策招标课题《河南省农地流转机制和模式研究》，2016 年主持完成的河南省基础科研项目《河南省新型农业现代化建设中的适度规模经营问题研究》等课题的研究内容和观点，对粮食主产区农地流转的现状特征、影响因素、主要模式、运行机制等进行了比较全面、深入、系统的分析，在此基础上提出了发展思路和对策，为我国新阶段粮食主产区农地流转、农业适度规模经营和高质量发展积极建言献策。本书内容共分五部分，详细如下：

第一部分包括第一章和第二章。全面分析了研究背景和意义，并界定了相关概念的内涵，阐述了基础理论。

第二部分主要包含第三章和第四章。利用国家相关部门的统计资料和课题组调研资料，分析了粮食主产区农地流转的现状、特征和存在的主要问题，利用 Logit - Tobit 二阶段分析模型研究农户农地流转行为和规模的主要影响因素，先利用 Logit 模型对农户是否转出和转入进行分析，然后利用 Tobit 模型对转出和转入实际规模的影响因素进行进一步的分析。研究认为，流转率总体处于上升趋势，农地流转方式呈现多元化趋势，但仍以出租和转包为主，转入主体呈多元化特征，但主要还是流向农户，流转行为合约化程度得到提升，流转用途仍以种植粮食作物为主，政策支持体系和服务体系有所改善。但农地流转中也存在着一些突出问题。定量研究表明，影响农户农地转入和转出的因素不尽相同，影响流转行为和流转规模的影响因素基本相同，但显著水平有明显差别。粮食主产区制定农地流转政策时应考虑这些影响因素。

第三部分包含第五章。对粮食主产区农地流转的主要模式进行分类比较，探索新阶段不同地区可推广性强的流转经营模式。以承包经营权转移方式为基础，同时结合转入经营主体类型，利用这两个维度交叉组合来研究粮食主产区农地流转实践中存在的主要模式。

主要归纳为农户自发流转模式、种植大户或家庭农场转包模式、农业企业租赁模式、农民专业合作社入股流转模式、土地信托流转模式，并从增收效应、对农业现代化促进效应、纠纷风险防范效应、"非农化"和过度"非粮化"风险防范效应、适宜推广地区等几方面进行比较分析。研究认为，选择农地流转模式时要因地制宜。农户自发流转模式比较适合在传统农业区和经济社会发展较为落后的地区、流转双方十分熟悉的情况下进行，但需进一步压缩和规范；种植大户、家庭农场转包模式适合粮食主产区的多数地区，特别是在流转双方信息比较透明的情况下进行；农业企业租赁模式适合加工业比较发达或者与大型农产品加工企业有紧密联系的粮食主产地区进行，未来需要进一步加强监管；农民专业合作社入股流转模式呈扩大趋势，随着经济社会条件的改善和农民合作意识的增强，尤其是随着集体经济的发展，这种模式将具有较强的可推广性；土地信托模式在粮食主产区发生较少，但随着农村金融、土地市场和农业信息化程度的提升，将在粮食主产区经济比较发达的区域具有较强的可推广性。

第四部分主要包含第六章和第七章。针对这些粮食主产区农地流转中存在的突出问题，从优化农地流转金融支撑机制、信息支撑机制、农民权益保障机制、"非农化"和过度"非粮化"风险防范机制等方面进一步探索，并结合调研案例提出了机制优化的具体途径。研究认为，在顶层设计上应该构造以政策性金融、商业性金融、合作性金融为主体，民间金融、互联网金融互为补充的金融组织体系，打造比较完备的农业生产保险支持体系，创造比较健全的金融生态环境支持体系。要拓展完善农地流转互联网平台的功能，促使其主要由发布需求信息的单一功能向能进行流转交易等综合功能转变，建立农地流转互联网平台与金融机构合作机制，构建贷款户、金融机构、土地流转互联网平台企业三方合作共赢运作机制。配套使用市场、法律、行政监督、促进就业等手段，建立并优化农地流转中农民权益保障机制。对日本、美国、德国等发达国家的典型做法和我国浙江、广东、福建、贵州等非粮食主产区典型案例进行剖析，归纳共性发展规律，从中得出有益启示，为粮食主产区推动农地流转和农业适度规模经营发展提供参考借鉴。

第五部分包含第八章。提出了新时代农地流转的总体思路和具体措施，认为应紧扣新时代农业农村发展的新趋势、新问题和新任务，以提升农民收入水平、提高农业综合效益为目标；确保粮食安全，防止"非农化"和过度"非粮化"，以效益为导向，推进农地适度流转和规模经营；因地因时制宜，选择适当农地流转模式，优化顶层设计，创新农地流转支撑机制；借鉴他山之玉，结合实际制定相应发展策略，实施配套措施，创造有利的经济发展环境，实现农业高质量发展，为实现乡村振兴奠定产业基础。

本书可以为农业管理部门制定相关政策、农业研究人员进行相关研究提供参考。在编写过程中虽然力求完整准确，但限于能力有限，难免有疏漏之处，敬请指正。

作　者

2021 年 5 月

目 录
CONTENTS

第一章 研究背景和意义

一、研究背景

土地是农业发展最基本的生产资料，土地问题历来是我国"三农"问题的根本问题。改革开放之后，我国实行家庭联产承包责任制，曾明显地促进了农业和农村经济的发展。但是，随着农业机械化水平不断提高和农村劳动力大量转移，农业土地小规模细碎化经营已不适应农业发展的新要求。因此，20世纪80年代后期以来，农业土地承包经营权流转（重点是耕地承包经营权的流转，以下简称"农地流转"）在我国农村开始出现，各地开始对促进农地流转、农业适度规模经营方面进行了长期探索，也取得了明显成就。据《中国农村经济管理统计年报（2018）》统计分析，2018年我国家庭承包经营的耕地面积为15.93亿亩①，耕地流转面积达到5.39亿亩，耕地流转率达33.84%，流转面积是2010年1.87亿亩的2.88倍。土地流转促进了农业规模化，促进了农业结构的调整和优化，提高农业比较效益，增加了农民收入，取得了明显效果。

当前，我国进入新发展阶段，农业发展面临着新问题、新形势和新任务。虽然我国近年来调整了计划生育政策，但未来几十年内仍然面临着人口老龄化问题，"谁来种地""谁来种粮"已成为保障我国粮食安全和经济社会协调发展的突出问题，而农地流转和适度规模经营为破解这个难题提供了有效方法。党的十八大、十九大和近年来的中央1号文件均提出要鼓励承包经营权向专业大户、家庭农场、农民合作社、农业企业等新型农业

---

① 亩为非法定计量单位，1亩≈666.7平方米，下同。

经营主体流转，发展多种形式规模经营。这是中央针对我国农业和经济社会发展的新形势新问题做出的重要决策。加快农用地流转、促进农业适度规模经营成为农业发展的必然趋势，是我国新阶段提升农业质量和效益、实现农业高质量发展的必然要求，也是"十四五"及更长时期实现农村产业兴旺、乡村振兴的重要动力。

粮食主产区是我国粮食和主要农产品的供给区域。粮食主产区农地流转速度虽然滞后于东部发达主销区省份，但也做出了许多有益探索，发展速度较快，在实践中土地流转的模式不断创新，农地流转的机制不断完善。根据 2015—2017 年《中国农村经营管理统计年报》统计分析，粮食主产区农地流转现象十分普遍，2017 年 13 个粮食主产大省农户承包耕地9.42 亿亩，流转面积 3.89 亿亩，耕地流转率达到 41.29%，耕地承包户1.44 亿户，耕地转出农户 0.49 亿户，流转农户占 34.00%。流转形式主要有转包、出租，还出现了土地信托、土地入股等新方式，不少地方甚至出现整村流转现象，对土地流转的合同监督、农民权益保障、土地流转信息中心建设等方面也作了一些探索。但进入新发展阶段之后，我国农业形势又发生了较大变化，农地流转和规模经营也出现了新模式和新特征，对这些模式的运行效果需要进行客观全面的评价，以便针对性地推广实用高效的流转模式。新时期农地流转也出现了一些新问题，特别是近年来不少种植大户亏损，出现退租、弃耕现象，一些龙头企业在土地经营过程中管理不善效益不佳，农地流转的信贷担保、非农非粮化风险防范、流转信息化等问题也比较突出，这些问题均需要进行深入的研究探索。这也是本研究目的之所在。

二、研究意义

一是提升农业现代化水平、促进农业高质量发展的需要。农地经营权流转在保障农村基本经营制度稳定的前提下，使农地集中在种植大户、龙头企业等新型农业经营主体手里，提高了农业生产规模，使一些先进的、适合大规模经营的农业先进技术，如病虫害统一防治技术、大型机械化技术等能够推广应用，提高农地的集约化程度，降低农业的单位生产成本，提高农业科技水平和效益。同时农地流转可以减少农业龙头企业与小农户对接的交易成本，促进农地的产业化经营，提高农产品质量，提高企业效益。农地规模经营使流转前的农户间地界重新变为耕地，明显提高了土地利用率。

二是培育新型农业经营主体、实现人才振兴的需要。开展农地流转，对转入方来说，由于实现了农业的规模化、集约化，增强了农业的比较效益，提高了收入水平。对转出方来说，除了获得农地租金之外，还可以腾出更多的时间从事二三产业，或者外出务工取得一定的工资性收入，总体收入也远高于流转之前。因此，农地流转对双方来说可以双赢，实现了帕累托改进。通过土地承包经营权流转，提升了农业规模经营水平，培养了一批专业大户、家庭农场，吸引了各类资本投向农业领域，促使农业龙头企业与农民建立更密切的联系，培育和完善一批农民专业合作经济组织，培育出多种农业市场经营主体。这些新型经营主体重视农业新品种、新技术、新机具的引进和应用，对农业科技推广普及有明显的示范带动作用。新型农业经营主体是实现农村人才振兴的重要力量。

三是促进城乡融合和农村一二三产业融合发展的需要。农地流转促使许多农村劳动力从农业劳动中解放出来从事二三产业，为工业化、城镇化的发展提供充足的劳动力资源，同时也可为工业化的发展提供优质的原料，为工业化和城镇化的发展提供一部分的土地，加快形成工农互促、城乡互补、全面融合、共同繁荣的新型工农城乡关系。促进农地流转，可以促使先进的工业技术和信息技术在农业中的应用，促进农村一二三产业融合发展，实现以工补农、以城带乡，为粮食主产区经济和社会建设奠定良好的基础。

四是实现产业兴旺、促进乡村振兴的重要抓手。推进乡村振兴战略，产业兴旺是基础。农地流转是深化农村土地制度改革、发展多种形式适度规模经营的重要内容和主要抓手，实现农村土地所有权、承包权、经营权三权分置为农地健康流转完善了法律前提。通过农村土地流转，可以盘活土地这种最重要的生产要素，促使农地流向和集中于生产率高的农业生产经营主体，也为这些规模经营者采用高效实用的农业生产技术和经营策略创造了条件，为实现农村三产融合、农村田园综合体的发展创造了前提。

因此，农地流转能够促进农村产业兴旺，最终促进乡村全面振兴。

五是开展本研究，在农业经济学科理论上有一些新探索。对粮食主产区农地流转的主要模式进行分类比较，分析出新时代不同地区、不同产业可推广性强、效益高的流转经营模式，运用 Logit－Tobit 模型分析了农户农地流转行为和规模的主要影响因素，并从金融支持、信息服务、"非农化"和过度"非粮化"风险防范等方面进行机制创新，形成比较科学的理论框架，为进一步推进农地承包经营权流转、提升农业现代化水平建言献策。

第二章 基本概念和理论基础

一、基本概念

（一）农地

相关研究文献中出现的农地一词，在含义上也存在一定的差异，大致有以下几种理解：农村土地、农村集体所有土地、农业用地、耕地等。本研究所称"农地"，是指农村土地，是农民集体所有或者国家所有的耕地、林地、草地，以及其他依法用于农业的土地，重点是耕地，但不包括农村的集体建设用地和农户住宅用地。

（二）农地所有权

根据《中华人民共和国土地法》，土地所有权，即对土地享有的占有、使用、收益和处分的权利。农村土地，除由法律规定属于国家所有的以外，属于农村集体所有。农村集体经济组织具有对承包地发包、监督、调整、收回等各项权能。农村集体经济组织有权依法发包集体土地，任何组织和个人不得非法干预；有权因自然灾害严重毁损等特殊情形依法调整承包地；有权对承包方（包括农户和其他经营主体）使用承包地进行监督，并采取措施防止和纠正长期抛荒、毁损土地、非法改变土地用途等行为。承包农户转包或转让土地承包权的，应在本集体经济组织内进行，并经村民集体同意；以转包、入股、出租等其他形式进行流转的，须向农村集体经济组织书面备案。承包权、经营权均可以看做是所有权派生出的权益。事实上，农地所有权的部分使用、收益、处分权益可转移到享有土地承包权的农户甚至流转后具有经营权的农户，例如，其中的处分权表现为土地承包经营权流转的权利，自主组织生产经营和处置产品的权利，承包地被征用、占用时依法获得相应补偿的权利等。

（三）农地承包权

依据《中华人民共和国农村土地承包法》的相关条款，农地的承包经营权是指农业承包经营者根据承包合同依法取得的，对集体所有和国家所有依法由农村集体经济组织使用的耕地、林地、草地以及其他依法用于农业的土地进行农业生产经营的权利。承包农户有权占有、使用承包地，依法依规建设必要的农业生产、附属、配套设施，自主组织生产经营和处置产品并获得收益；有权通过转让、互换、出租（转包）、入股或其他方式流转承包地并获得收益，任何组织和个人不得强迫或限制其流转土地；有权依照相关法律法规就承包土地经营权进行抵押，自愿有偿退出承包地、具备条件的可以因保护承包地获得相关补贴。承包土地被征收的，承包农户有权依法获得相应补偿。同时，承包方要维护土地的农业用途，不得改变农用地性质，依法保护和合理利用土地，不得给土地造成永久性损害。

（四）农地经营权

2014年印发的《关于引导农村土地经营权有序流转发展农业适度规模经营的意见》中提出，将农地所有权、承包权、经营权三权分置，这是继家庭联产承包责任制后农村改革的又一重大制度创新。农地经营权，或者称之为农地使用权，是指土地经营权人对流转土地依法享有在一定期限内占有、耕作并取得相应收益的权利。对于没有进行农地流转的农户来说，农地的承包权和经营权属于同一农户。对于将农地经营权流转的农户来说，如转包、入股、出租等流转模式，承包权和经营权是分离的。经营主体有权使用流转土地自主从事农业生产经营并获得相应收益，经原承包农户同意，可以调整农业产业结构，可改良土壤、提升地力，依照相关法律法规建设农业生产的配套设施用地，并依照流转合同约定获得合理补偿，有权按照流转合同对耕地地力保护等补贴进行分配，有权在流转合同到期后按照同等条件优先续租承包土地。

（五）农地流转

农地流转可分为广义和狭义两种。广义的农地流转除包括农地权利的流转外，将各种土地功能的转变（如农用地转变为建设用地）也视为流转的一种形式。狭义的土地流转是指附属于土地之上的各种权利在不同权利主体之间转移的现象或行为过程。而本研究所指的农地流转是指农村土地承包经营权的流转（主要是经营权的流转，而转让模式有些例外，承包权和经营权均发生了转移，而所有流转方式农地所有权并没有发生流转，仍然属于原集体经济组织），也即拥有农村土地承包经营权的农户将土地经营权转移给其他农户或经济组织。农村土地承包经营权流转可能发生在农户与农户之间，也可能发生在农户与企业、合作社、家庭农场等新型农业经营主体之间。

（六）农地流转机制

机制一词来源于希腊语，本意是指机器运转过程中的各个零部件之间的相互关系、互为因果的联结关系及运转方式。经济学家又把它引入经济学中，把国民经济中各因素之间的相互作用及其调节功能称为经济机制。农地流转机制表示农地流转系统在其运动及发展过程中的一些规律及其与系统环境的作用关系。本研究中的农地流转机制包括农地流转中的金融支撑机制、农民权益保障机制、非农化和过度非粮化风险防范机制、信息化支撑机制等方面的内容。

（七）农地流转模式

所谓模式，是对事物类型和原型的描述或是对典型案例的基本特征所作的分析和总结性描述，使之能在相同类型条件下扩散和推广。农地流转模式，是指在系统分析和比较研究不同时期、不同地区农村经济发展过程的基础上，运用归纳、抽象方法，按照特定准则，总结和概括出的有关农地流转特征集合。本研究所指的农地流转模式，主要依据承包经营权转移方式，同时结合转入经营主体类型，利用两个维度交叉组合来研究粮食主产区农地流转实践中的主要模式，并结合案例分析其典型特征。

（八）粮食主产区

粮食主产区是指地理、土壤、气候、技术等条件适合种植粮食作物，并具有一定的资源优势、技术优势和经济效益等比较优势的粮食重点生产区。按照国家的相关政策规定，主要包括黑龙江、吉林、辽宁、内蒙古、河北、河南、山东、江苏、安徽、江西、湖北、湖南、四川 13 个省、自治区的粮食主要生产区域。

二、理论基础

本书主要以产权理论、规模经济理论、制度变迁理论、级差地租等经济学理论为基础，同时借鉴已有的研究成果，指导研究工作，从农地流转的模式选择、支撑机制等方面分析，以期形成一个符合逻辑解释的新时代粮食主产区农地流转理论分析研究框架。

（一）土地产权制度相关理论

最早研究产权理论的是马克思，他在西方学者如科斯等研究产权理论之前一个多世纪就对产权理论做了系统、科学的阐述。马克思首次提出产权所有权和使用权等各种权利，既是可以统一的也是可以分离的。他指出，土地的产权包括所有权和使用权（也称经营权），当土地的所有者同时也是经营者时是相统一的，但土地的所有者可能会将土地的经营权出租给别人从而赚取租金，这时土地的所有权和使用权则会分离开来。从马克思土地产权理论可以看出，土地的部分权能可以被当作商品来进行交易。随着商品经济的发展，土地产权交易商品化已成为土地产权配置市场化的基础，土地产权作为商品在市场上流通，其价格由流转双方供求关系决定。

西方现代产权的思想主要可以归结为以下几个方面：由于产权界定不明，任何经济活动都会产生交易费用；产权是由法律规定产生的，它的形成需要一定的制度成本。对西方现代产权理论贡献最大是科斯，他凭此在1991 年获得诺贝尔经济学奖。科斯（1994）在《社会成本问题》一文中从外部性的角度分析了产权的界定和安排在经济交易中的重要性。科斯认为，在无交易成本时，产权的初始界定对资源配置没有影响；若存在交易成本，产权的明确界定会促使谈判双方通过订立合约，从而寻找到使各自利益损失最小化的合约安排。由此推出，当耕种成本大于耕种收益时就可以完全放弃土地使用权，将土地转作他用，以达到资源优化配置的目的。

马克思的产权理论是农村土地产权流转的基本理论。产权明晰是一项将有价值的资产转化为流动性的资本资金的前提，任何资产只要权利边界得到清晰的界定，就能以市场交换的方式实现其资产价值。我国从 2013 年全面开展了包含农业用地承包权在内的农村土地确权登记颁证工作，以及 2014 年开始的农业用地所有权、承包权、经营权三权分置，对明晰农村土地产权、促进农地流转起到了明显的促进作用，而农业用地所有权、承包权、经营权三权分置也是符合马克思产权理论的。另外，对于农村土地来讲，只有附属在土地上的权利界定清晰、并能有效实施，权利所有人才能通过土地流转市场实现其出租、有偿转让，形成规模化经营；或者在金融领域，对附属于土地上的各项权利进行抵押、质押取得贷款等。农地承包人所能行使的农地产权应该包括以下几个方面：一是土地产权的不可侵犯性。土地确权使得土地各项权利得到清晰的划定与阐明，权利所有人能够对土地的某项权利完全地处置和利用。二是土地产权的完整性。权利所有人具有占有、使用、支配、转让和继承等完整的权利。三是土地产权的可让渡权利。

（二）规模经济相关理论

规模经济（Economics of Scale）是新古典经济学的基本概念，其含义是随着生产经营者经营规模的扩大，单位投入的产出逐渐增加（边际效益为正值），达到最高点后开始下降（边际效益变为负值）。农户规模大小不同，规模报酬也不同，只有在相对适合的规模内，增加耕地或者其他要素的投入产出才会增加，当超过这个规模区间时，便到了规模报酬递减阶段，或者说是规模不经济（Diseconomy of Scale）阶段。如图 2-1 是一个分析农户适度规模经营的曲线模型。

LAC 曲线表示农户随着耕地面积（耕地规模）变动的长期平均成本

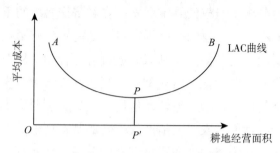

图 2-1　农户经营规模与生产效率

曲线（Long-run Average Cost）。在 AP 阶段曲线向右下方倾斜，说明平均成本随着耕地规模的增加而下降，或者说是单位面积效益随着耕地规模的递增而递增，处于规模经济阶段；在 PB 阶段曲线向右上方倾斜，说明平均成本随着耕地经营规模的增加而升高，或者说是单位面积效益随着耕地规模的递增而递减，属于规模不经济阶段。在经营规模为 OP' 时平均成本为 $P'P$，达到最小（或者说单位耕地面积效益最高），这时经营规模为最佳经营规模。而在实际经营过程中，P 点是可能是一个范围区间，在这个范围区间内都可视为适度经营规模。

（三）级差地租相关理论

早期的地租理论被称为古典地租理论。威廉·配第为古典地租理论奠定了初步基础，他分别从实物和货币表现两个视角考察了地租，认为地租是农业生产过程中的剩余价值表现。亚当·斯密认为，地租是承租者使用土地时按照土地实际情况向土地所有者支付的更高价格。大卫·李嘉图建立了差额地租学说，他认为，不同土地在肥沃程度和位置上存在差异，这会导致要获得同量的土地产出所需要投入的资本和劳动力存在差异，因此地租金额也应存在差异。

马克思和恩格斯批判地继承了古典地租理论，创立了马克思主义地租理论。马克思将资本主义地租划分为绝对地租、级差地租和垄断地租三种形式。其中，绝对地租来源于产品价值与生产成本的差额；垄断地租是基于产品的垄断价格所带来的超额利润；级差地租的来源是，由于不同土地的肥沃程度和地理位置不同，导致要获得同量农产品所需要投入的资本和劳动力存在差异，这与大卫·李嘉图建立的差额地租的概念比较接近。马克思进一步将级差地租分为级差地租Ⅰ和级差地租Ⅱ，其中级差地租Ⅰ是由土地在肥沃程度和位置上存在的差异所决定的，级差地租Ⅱ是在土地经营过程中投入的资本和劳动力的不同所产生的，二者通过影响土地生产率和劳动生产率形成地租。

当前我国农村地区土地一般属于农村集体所有（个别属于国家所有制），因此，地租并不是土地所有权的实现形式，而是农地承包权或者经营权流转时的价值体现形式。农地流转过程是在重新配置土地资源的过程中进行土地价值的再分配过程。因此，在现行的农地流转制度下，需要确定一个合理的农地地租水平，保障各权利主体如转出农户、转入主体、村级集体经营组织、流转中介组织等合法利益。马克思的地租理论可以作为确定农地流转价格的理论指导。

（四）土地市场相关理论

市场是商品交换的场所和纽带，它既包括有形市场，也包括无形市场。有形市场是指买卖双方为了买卖和转让商品与获取服务而进行价值交换的活动场所，无形市场是指商品没有固定的交易场所，交易双方靠广告、中间商以及其他交易形式的媒介和平台，寻找货源或买主以实现商品的买卖。市场有三部分组成，即市场主体、市场客体和市场中介。市场主体是在商品交换中有目的、有意识的能独立地进行决策的经济人。市场客体是市场活动中所交易的对象，也即商品和劳务。市场中介组织是指依法成立的进行自我管理、在市场主体间沟通、进行联系的社会组织。

农地流转也构成了交易市场，实际上多数情况下是指无形市场，如不少地区建立的土地流转中心平台、土地流转的相关网站等。农村承包地流转中的当事人构成农地流转市场主体，都是利益最大化的个人或组织，流转双方有权对自己的行为进行决策。农地流转市场的客体是农村土地承包权或者是经营权。承包地流转体现的是在所有权属于集体或国家的基础上，承包经营权或者仅仅是经营权让渡于受让方的"三权分离"的一种特殊的土地使用模式，这不同于发达国家或地区的土地私有情况下的流转。农地流转的各项行为也应遵循市场运行的基本规则，让市场在配置农地资源中起到基础性作用。

（五）制度变迁理论

道格拉斯·诺斯是对制度变迁理论研究影响最大的一位学者。诺斯认为，制度变迁是指新制度（或新制度结构）产生，并否定、扬弃或改变旧制度（或旧制度结构）的过程，并将其分为强制性变迁（自上而下）和诱致性变迁（自下而上）。所谓"自上而下"的制度变迁是指由政府充当第一行动集团，以政府命令和法律形式引入和实行的制度变迁。而"自下而上"的制度变迁是指由个人或一群人，受新制度获利机会的引诱，自发倡导、组织和实现的制度变迁。制度变迁的根本目的是增加社会收益，提高社会经济活力和社会成员生活水平。制度变迁的收益一定要大于制度成本，新制度比旧制度更有效率、更具活力，这样制度才能够得以成功变迁。

自新中国成立以来，农地制度就在强制性与诱致性两种不同的制度变迁模式中穿梭前行。首先是土地改革，新中国成立初期国家政府通过行政手段强制性地推翻了传统的封建地主土地所有制，取而代之以农村土地集体所有制，属于强制性变迁。自 1978 年来，我国农地改革中的制度变迁属于诱致性的，但是在确立家庭联产承包责任制时也具有强制性变迁的特点，随后对于制度配套体系的完善和改进又表现出一定诱致性的特性。应该说，诱致性变迁和强制性变迁相结合的方式是一种比较理想的制度变迁模式，它大大降低了制度变迁中的成本和阻力，而且还有利于修正和调整制度，能够促进顶层设计更加接近地气。2016 以来，我国各地相继进行土地承包权确权，实现所有权、承包权和经营权三权分置，这实际上也是以诱致性变迁为主结合强制性变迁的制度性变迁，对农村土地流转也起到了促进作用。

第三章 粮食主产区农地流转的现状、特征和问题

一、粮食主产区农地流转现状

（一）全国农地流转状况

目前，我国农村家庭承包耕地流转现象普遍存在，呈现逐年递增的趋势。根据土流网（https：//www.tuliu.com/data/nationalProgress.html）资料整理成图3-1，从中可以看出，2007年以来农地流转面积比率和农户参与比率呈上升趋势，2007年耕地流转面积0.64亿亩，占农户家庭总承包面积的5.2％，2017年流转面积达到5.1亿亩，占农户家庭总承包面积的37％。另外，根据原农业部农村经济体制与经营管理司和农村合作

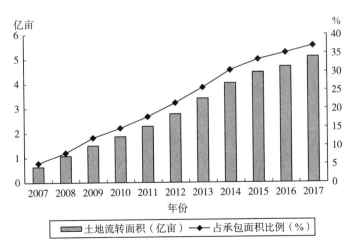

图3-1 我国2007—2017年耕地流转面积及占承包面积比例

经济经营管理总站合编的 2015—2017 年《中国农村经营管理统计年报》统计分析，参与流转承包地的农户数达 0.71 亿户，占承包户的 31.16%，流转后 55.76% 的流转地用于种植粮食作物。

（二）粮食主产区农地流转状况

同全国形势基本一致，粮食主产大省家庭承包经营的耕地面积约 9.42 亿亩，占全国家庭承包经营耕地面积的 68%，农地流转率也比全国水平高出 4.31%，而且流转出的农地 63.58% 用于种植粮食作物，参与农地流转的户数占到 33.91%。全国和粮食主产大省 2017 年农地流转的情况如表 3-1 所示。

表3-1　全国及粮食主产区流转及经营情况表

地区	家庭承包经营的耕地面积（亩）	农地流转率（%）	流转后用于种植粮食作物的面积（亩）	流转后用于种植粮食作物的比率（%）	转出承包耕地的农户数（户）	转出承包地的农户占比（%）
河北	84 186 389	33.28	18 411 273	65.71	3 239 760	23.10
内蒙古	98 659 397	37.16	25 384 610	69.23	1 119 829	30.29
辽宁	50 975 746	38.10	11 655 412	60.01	1 727 559	29.37
吉林	63 061 621	36.84	17 581 947	75.69	1 048 975	28.06
黑龙江	127 714 087	52.07	57 282 128	86.14	1 881 182	38.95
江苏	51 428 744	61.45	15 841 710	50.12	6 473 395	52.77
安徽	79 879 362	45.51	24 003 496	66.03	5 829 434	47.36
江西	36 793 242	35.91	7 444 027	56.34	2 169 754	29.83
山东	92 294 218	34.41	13 166 228	41.46	6 182 456	32.90
河南	101 830 321	37.98	25 199 099	65.15	6 322 564	32.01
湖北	45 724 501	44.58	12 695 072	62.28	3 107 384	32.48
湖南	51 154 651	42.58	11 719 255	53.80	4 378 088	31.47
四川	58 191 200	36.68	6 925 381	32.45	5 401 969	29.84
粮食主产区合计	941 893 479	41.29	247 309 638	63.58	48 882 349	33.91
全国	1 385 014 106	36.98	285 528 803	55.76	70 705 578	31.16

数据来源：根据 2015—2017 年《中国农村经营管理统计年报》整理。

但与我国东部发达主销区相比，粮食主产区农地流转还存在着一定滞后。粮食主产区和发达地区如北京、天津、上海、浙江、广东5省（直辖市）农地流转相关情况如表3-2所示。从表3-2中可以看出，非粮食主产区如北京、上海、浙江三省（市）的农地流转率均较高，在55%～75%，这与地区经济发展水平、农民就业水平较高相关。

表3-2　2017年粮食主产区与非粮食主产省（直辖市）农地流转情况

地区	家庭承包经营耕地面积（亩）	家庭承包耕地流转总面积（亩）	家庭承包经营的农户数（户）	户均家庭承包经营耕地面积（亩）	农地流转率
粮食主产区					
河北	84 186 389	28 018 494	14 025 623	6.00	33.28
内蒙古	98 659 397	36 664 569	3 697 032	26.69	37.16
辽宁	50 975 746	19 423 057	5 882 835	8.67	38.10
吉林	63 061 621	23 230 067	3 738 673	16.87	36.84
黑龙江	127 714 087	66 502 563	4 830 109	26.44	52.07
江苏	51 428 744	31 605 416	12 268 168	4.19	61.45
安徽	79 879 362	36 351 640	12 307 694	6.49	45.51
江西	36 793 242	13 212 600	7 273 013	5.06	35.91
山东	92 294 218	31 758 383	18 789 468	4.91	34.41
河南	101 830 321	38 678 255	19 750 856	5.16	37.98
湖北	45 724 501	20 383 626	9 565 971	4.78	44.58
湖南	51 154 651	21 781 078	13 910 327	3.68	42.58
四川	58 191 200	21 342 042	18 104 071	3.21	36.68
粮食主产区合计	941 893 479	388 951 790	144 143 840	6.53	41.29
非粮食主产区——发达省（直辖市）					
北京	4 189 410	2 647 295	934 535	4.48	63.19
天津	3 889 314	1 884 854	767 573	5.07	48.46
上海	1 752 428	1 321 141	598 426	2.93	75.39
浙江	18 490 648	10 502 197	8 939 139	2.07	56.80
广东	28 796 575	11 610 286	11 014 522	2.61	40.32

数据来源：根据2015—2017年《中国农村经营管理统计年报》整理。

二、粮食主产区农地流转特征

（一）家庭承包耕地流转规模扩大，流转率总体处于上升趋势

根据 2015—2017 年粮食主产区统计数据（表 3-3），流转规模逐年增加，从 2015 年的 3.46 亿亩增加至 2017 年的 3.89 亿亩，增加了 4 278 万亩。流转速度也从 37.54% 提高至 41.29%。从粮食主产区的各个省区来看，多数省份流转规模逐步扩大，流转速度逐年增加。又据河南省农业农村厅提供的数据，截至 2018 年底，河南省农村土地流转面积 3 946 万亩，占家庭承包面积的 39.2%，虽然从 2016 年开始增幅有所降低，但仍处于上升态势。

表 3-3　粮食主产区 2015—2017 年耕地流转规模及流转率

地区	承包耕地流转规模（亩）			农地流转率		
	2015 年	2016 年	2017 年	2015 年	2016 年	2017 年
河北	26 110 956	26 110 956	28 018 494	30.99	30.99	33.28
内蒙古	31 871 200	35 944 787	36 664 569	32.50	36.44	37.16
辽宁	16 105 959	18 015 752	19 423 057	31.69	35.29	38.10
吉林	16 468 956	20 517 495	23 230 067	25.84	32.21	36.84
黑龙江	68 973 082	65 500 244	66 502 563	53.34	50.44	52.07
江苏	30 948 162	31 128 147	31 605 416	60.38	60.19	61.45
安徽	29 941 101	32 937 614	36 351 640	47.16	47.34	45.51
江西	10 710 566	11 419 467	13 212 600	29.54	31.02	35.91
山东	24 717 719	28 588 864	31 758 383	26.35	30.64	34.41
河南	38 870 571	37 567 940	38 678 255	39.80	37.44	37.98
湖北	16 634 549	18 002 413	20 383 626	36.95	39.74	44.58
湖南	18 614 699	20 416 491	21 781 078	37.13	39.60	42.58
四川	16 198 882	19 703 069	21 342 042	27.76	33.85	36.68
粮食主产区合计	346 166 402	365 853 239	388 951 790	37.54	39.16	41.29

数据来源：根据 2015—2017 年《中国农村经营管理统计年报》整理。

（二）农地流转方式呈现多元化趋势，但仍以出租和转包为主

农村土地流转的形式已由以过去农户之间的转包为主，逐渐转变为转包、出租、转让等多种方式并存，流转方式多样化趋势明显，但仍以转包和出租两种传统方式为主。从表3-4可以看出，2015—2017年粮食主产区家庭承包耕地以出租/转包方式流转的面积从2.85亿亩增至3.22亿亩，占总流转面积的比例一直稳定在80%左右，其中转包给本集体经济组织内其他承包户的耕地占到一半以上。其他流转形式分别是转让、互换、股份合作等，这些流转方式面积均有所增加，各流转方式流转面积占流转总面积的比重在2%～7%（图3-2）。

表3-4　粮食主产区2015—2017年不同农地流转方式的面积及所占比例

\multicolumn{3}{c}{2017年}			\multicolumn{3}{c}{2016年}			\multicolumn{3}{c}{2015年}		
方式	面积（亩）	比例（%）	方式	面积（亩）	比例（%）	方式	面积（亩）	比例（%）
出租、转包	321 671 137	82.70	转包	189 702 099	51.85	转包	178 238 042	51.49
转让	10 761 234	2.77	转让	9 646 663	2.64	转让	9 481 224	2.74
互换	20 506 700	5.27	互换	18 798 529	5.14	互换	17 893 808	5.17
股份合作	21 328 735	5.48	出租	115 370 331	31.53	出租	107 134 499	30.95
其他形式	14 683 982	3.78	股份合作	17 790 641	4.86	股份合作	21 065 906	6.09
			其他形式	14 544 976	3.98	其他形式	12 352 923	3.57

数据来源：根据2015—2017年《中国农村经营管理统计年报》整理。

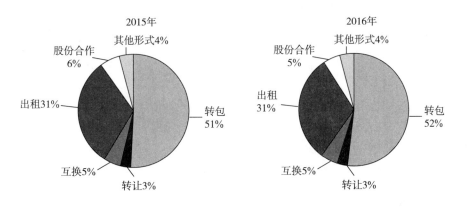

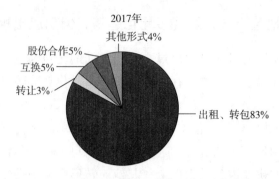

图 3-2　粮食主产区农地不同流转方式所占比例

　　粮食主产区和粮食主销区不同省份之间农地流转方式如表 3-5 所示。从中可以看出，粮食主产区与主销区，除了北京市之外，农地流转方式均以出租（转包）为主。粮食主产区中的内蒙古、辽宁、吉林、江苏、江西、湖北、四川 7 省和非粮食主销区北京、浙江和天津三省（直辖市）农地流转方式股份合作中以耕地入股的比例占比较高，均在 50％以上，尤其天津市基本上全部是以耕地入股合作社的。上海农地流转方式接近 100％是出租和转包，说明绝大部分都是出租和转包给本乡镇农民耕作。

表 3-5　2017 年粮食主产省份与非粮食主产省（直辖市）农地流转方式比例

单位：%

地区	出租（转包）	其中出租给本乡镇以外人口或单位	转让	互换	入股	入股到合作社	其他形式
粮食主产区							
河北	82.78	2.65	3.20	7.21	3.45	31.70	3.36
内蒙古	90.75	3.98	5.11	2.82	0.26	81.57	1.06
辽宁	81.20	5.95	2.52	3.55	3.03	61.69	9.71
吉林	91.18	1.27	2.88	0.95	2.04	78.86	2.95
黑龙江	86.78	1.11	2.00	0.75	9.62	44.44	0.85
江苏	72.82	9.06	2.43	3.02	17.32	56.70	4.42
安徽	85.73	14.18	0.76	5.09	1.41	46.44	7.01
江西	85.29	15.47	3.43	3.04	3.65	58.92	4.59
山东	84.80	6.85	1.54	7.42	3.86	54.93	2.38

（续）

地区	出租（转包）	其中出租给本乡镇以外人口或单位	转让	互换	入股	入股到合作社	其他形式
河南	73.30	6.15	2.17	18.89	2.30	23.54	3.34
湖北	78.33	4.18	4.89	6.43	5.20	85.94	5.16
湖南	75.22	7.21	5.02	6.00	7.42	43.28	6.35
四川	81.80	14.47	2.76	2.62	7.25	54.68	5.57
粮食主产区总计	82.70	6.22	2.77	5.27	5.48	51.24	3.78
非粮食主产省（直辖市）							
北京	26.28	34.90	1.54	0.14	0.78	74.30	71.26
天津	54.19	11.77	2.35	1.03	37.64	99.35	4.79
上海	99.40	15.83	0.00	0.05	0.03	0.00	0.52
浙江	91.21	12.73	1.16	0.78	2.80	65.20	4.05
广东	52.96	5.94	2.57	17.46	22.88	47.15	4.13

数据来源：根据 2015—2017 年《中国农村经营管理统计年报》整理。

（三）转入主体呈多元化特征，但主要还是流向农户

转入主体多元化趋势比较明显，土地流转既有农户，也有企业、种粮大户、合作社等新型农业经营主体。如表 3 - 6 所示，2015—2017 年粮食主产区家庭承包耕地流转入农户的比例仍占 60% 左右，但比重略有下降，从 60.32% 下降至 59.77%；流转入专业合作社的比重逐渐增加，2017 年有较明显的上升，达到 23.57%；流转入企业以及其他主体的比重较为稳定，在 10% 以下。以粮食主产大省河南省为例，根据河南省农业农村厅提供的资料，2018 年河南省流转给农户的耕地面积为 2 227 万亩，占土地流转总面积的 58.6%。由于近年来各地从财政、用地等方面鼓励扶持引导，初步建立了县市有网络、乡镇有中心、村有信息员的土地流转服务体系，增强了农业企业、农民合作社、家庭农场、种植大户等新型经营主体参与土地流转的积极性。2018 年河南省农业企业、农民合作社、家庭农场和专业大户达到 28 万家，流转土地面积达 1 610 万亩，占流转总面积

的 41.4%，土地转入新型农业经营主体的面积快速增加，多元化的经营主体成为推动土地流转的重要力量。

表 3-6   2015—2017 年粮食主产区耕地流转去向

年份	家庭承包耕地流转总面积（万亩）	流转入农户		流转入专业合作社		流转入企业		流转入其他主体	
		面积（万亩）	比重（%）	面积（万亩）	比重（%）	面积（万亩）	比重（%）	面积（万亩）	比重（%）
2015	34 617	20 881	60.32	7 931	22.91	2 819	8.14	2 985	8.62
2016	36 585	22 056	60.29	8 192	22.39	2 925	7.99	3 413	9.33
2017	38 895	23 246	59.77	9 167	23.57	3 088	7.94	3 394	8.73

数据来源：根据 2015—2017 年《中国农村经营管理统计年报》整理。

（四）流转行为合约化程度得到提升，合同年限有所延长

粮食主产区家庭承包耕地流转规范化程度有所提升，主要体现在耕地流转合同签订数量有一定增加，以及签订流转合同的面积也有一定增加。2015—2017 三年间耕地流转合同签订数量由 3 338 万份增长至 3 955 万份，签订合同的流转面积从 23 843 万亩增加至 27 096 万亩，签订率稳定接近于 70%。根据河南省农业农村厅提供的资料，河南省 2018 年签订流转合同的流转面积 2 744 万亩，占流转面积的 70.9%。河南省信阳市出台了《关于创新农村土地流转机制的实施意见》，各县区也分别制订了《农村土地流转实施细则》，印制了土地流转合同规范文本，县乡成立了土地流转仲裁调解机构，规范农村土地流转程序，使合同双方放心流转。合同签订的流转期限有所增加，以农户间转包方式流转的期限一般在 5～8 年，而以出租方式流转入企业的一般都在 10 年以上（表 3-7、图 3-3）。

表 3-7   2015—2017 年粮食主产区家庭承包耕地流转合同签订情况

年份	家庭承包耕地流转总面积（亩）	签订耕地流转合同份数（份）	签订流转合同	
			面积（亩）	签订率（%）
2015	346 166 402	33 380 694	238 428 140	68.88
2016	365 853 239	36 732 478	255 681 322	69.89
2017	388 951 790	39 546 886	270 957 548	69.66

数据来源：根据 2015—2017 年《中国农村经营管理统计年报》整理。

图 3-3　2015—2017 年粮食主产区耕地流转规范情况

（五）流转用途仍以种植粮食作物为主，但非粮化的风险仍然存在

多数粮食主产大省在流转后仍以种植粮食作物为主，粮食种植面积多在 60% 以上，2017 年全国粮食主产大省总体平均在 63.58%，高于全国平均 55.76% 的水平，黑龙江、吉林省粮食流转后粮食作物种植比例分别达到 86.14%、75.69%。再如河南省流转后的土地仍以种粮为主，2016—2018 年全省流转土地用于粮食种植的面积分别为 2 093.3 万亩、2 366 万亩、2 431 万亩，分别占流转总面积的 65%、65.6%、62.5%。在高标准粮田规划区外，河南省各地积极引导开展农业结构调整，提高农业种植效益，增加农民收入。河南省打造了耕地流转用途监管机制，下发了《河南省关于加强对工商资本租赁农地监管和风险防范的实施办法》（豫农经管〔2016〕4 号），明确提出建立工商资本租赁农地上限控制，提出了分级备案标准。各地结合实际进行了积极探索，河南省长葛市探索建立了土地流转保证金、土地流转准入、土地承包经营权抵押贷款等三项制度，目前，缴纳风险保证金的规模流转大户 18 个，缴纳保证金 260 万元。但据 2015—2017 年《中国农村经营管理统计年报》整理分析，部分省份农地流转后粮食种植面积还是比较低的，如四川省粮食种植比例仅占 32.45%，山东省占 41.46%。即使是流转后粮食种植面积比较大的省份，与流转前相比，粮食种植面积比例也有所下降，可见流转后"非粮化"的趋势是普遍存在的，过度"非粮化"的风险也是存在的。

（六）政策支持体系和服务体系逐步完善

与全国其他地区一样，粮食主产区对农地流转和规模经营的政策支持体系和服务平台建设逐步走向完善。例如，为积极贯彻落实中办、国办《关于引导农村土地经营权有序流转发展农业适度规模经营的意见》，河南省省委、省政府先后出台《关于引导农村土地经营权有序流转发展农业适度规模经营的实施意见》（豫办〔2015〕50号）、《关于完善农村土地所有权承包权经营权分置办法的实施意见》（豫办〔2017〕42号），为全省土地流转提供了政策遵循，农业农村厅及时制定下发了《关于进一步规范农村土地经营权流转维护农民合法权益的通知》，各省辖市也普遍结合本地实际，制定了鼓励和引导农村土地流转的意见或措施。2017年底河南省基本完成农村承包地确权登记颁证任务。新版土地承包经营权证书发放1 742.29万户，基本实现了新版农村土地承包经营权证书应发尽发，为农村土地"三权分置"有序实施打牢了基础。河南省许昌市建立县级土地流转服务组织7个，乡级14个，全市通过乡村组织提供信息流转的18.7万亩，农户委托乡村组织流转的32.3万亩。不少地方还为流转土地400亩以上的大户和其他经营主体的土地优先改善农业基础设施，鼓励和扶持开展土地规模经营，提高土地产出率。

三、粮食主产区农地流转中存在的问题

从调研情况看，土地经营权流转制度改革还存在一些急需解决的问题，主要体现在以下几个方面：

（一）土地流转服务体系不够完善

中办、国办《关于引导农村土地经营权有序流转发展农业适度规模经营的意见》强调，要依托农村经营管理机构健全土地流转服务平台，完善县乡村三级服务和管理网络，为流转双方提供信息发布、政策咨询等服务。从调研情况看，这项工作需要进一步提升。据河南省农业农村厅提供的资料，由于地方领导重视程度和财力等方面的原因，河南省还有

34.8%的县和55.3%的乡镇没有建立土地流转服务场所，农村土地流转服务体系不健全，造成流转双方信息交流不对称、流转合同签订率大打折扣，还有近30%的流转土地和近20%的流转农户没有签订规范的流转合同，容易产生土地纠纷。

（二）土地流转风险防范仍需加强

两办《意见》要求各地要对工商企业长时间、大面积租赁农户承包地规定明确的上限控制，建立健全资格审查、项目审核、风险保障金制度，对租地条件、经营范围和违规处罚等作出规定。尽管多数粮食主产区制定下发了《关于加强对工商资本租赁农地监管和风险防范的实施办法》，但个别地方贯彻落实还不到位，对工商企业长时间、大面积租赁农户承包地缺乏具体有效监管措施，存在"非农化"倾向。农业尤其是粮食产业是弱势产业和比较效益低的产业，进行农地流转和规模经营，虽然比小规模生产经营效益有所提高，但是仍然低于其他产业效益水平，不少规模经营者由于存在着逐利心理而从事其他非农产业，这也是"非农化"风险存在的原因。调研中也发现，企业和农户改变或者变相改变农地利用性质的现象屡见不鲜，给国家的耕地保护和粮食生产造成了一定威胁。

（三）相关配套政策落实存在困难

从河南等省的调研情况看，粮食主产区地方部门对农地流转规模经营者的设施用地、补助政策等落实不到位，对新型农业经营主体扶持力度还不大，融资难、农业保险投保难等瓶颈没有得到有效破解。经营主体普遍反映租赁的土地排灌、道路、水电等基础设施配套差，规模化流转风险加大。有的经营主体反映，国家投资建设的农田水利设施特别是地埋管，不符合实际、寿命短；农业辅助设施用地政策不落实，无法自建晒场、库房等。国家原来实行的对种粮农民直补、农业生产资料综合补贴、种子补贴等政策，虽然在2017年之后合并为耕地地力保护补贴政策，但仍然是按照土地承包权补贴给原承包户，这些承包户有的没有从事粮食和农业生产，而对土地转入的新型农业经营主体的实际补贴远远达不到应有水平，一定程度上限制了农地流转和农业适度规模经营的发展。

（四）金融支撑体系期待优化提升

根据课题组在粮食生产大省河南省的调查，多数农业规模经营主体的资金需求远远高于普通农户，以粮食生产为例，大型规模经营户需要购买播种机、拖拉机、收割机等生产工具，个别还需要建设仓储、晒场、机械用房，投资多在 30 万元以上，有的甚至达到几百万元，这样大额的投资对多数农业规模经营主体来说压力不小（孟俊杰等，2014）。然而，当前我国金融支持农地流转体系不健全，农村信用社、农村商业银行等涉农金融机构金融服务不完善，信贷规模、贷款期限与农业生产的长周期、季节性特点不相适应。虽然近年来国家出台文件鼓励以农村土地承包经营权、大型农业机械等抵押贷款，但金融机构常因农村土地承包经营权价值不宜评估、抵押资产不宜处置、生产风险过大等原因而不愿贷款。另外，一些新型农村金融机构如村镇银行等，实力不够雄厚，缺乏有效的监管规则和监管方式，风险控制水平较低。不少地方成立农业信贷担保公司，但覆盖程度过低，据在河南省问卷调查，真正享受到信贷担保政策的主体比例不到 5%。

（五）大户退租退耕现象屡屡发生

在河南省等粮食主产区调研发现，目前不少地方种植大户退租现象比较突出。主要原因是因粮价下跌、生产成本上升、流转价格居高不下、自然灾害频发等多重因素，并且随着城市化、工业化的发展，农民外出务工从事其他产业机会增多，农业生产特别是粮食生产比较效益降低。据课题组在河南省中南部调研，近年来种植成本上升幅度较大，化肥每吨上涨了300～400 元、农药上涨了 30%、人工费大幅上涨，地租一般也在 800 元以上，并且收获季节、播种季节经常遇到连阴雨天气，造成小麦赤霉病等收获季节病虫害发生普遍，如果收获不及时还会产生小麦发芽、播种不上等现象，一些种植大户个别年份亏损 10 多万元甚至 30 万元以上。在黑龙江调研也发生一些新型农业经营主体退租、减少耕地流转规模的现象。

第四章　基于 Logit – Tobit 模型的农地流转影响因素分析

国内外有不少学者对农地流转影响因素进行过分析，多是利用农户问卷调查和 Logit 模型对农户转出意愿和转入意愿进行探讨，但意愿分析与真实的流转影响因素分析还存在不少差距。当前农地流转发生已经比较普遍，仅意愿分析已不能满足实际决策需要。也有学者利用县市级区域数据对农地流转影响因素进行过分析，但这种分析过于宏观和浅显。本研究在借鉴先前文献的基础上，从微观调研视角，利用 Logit 模型对农户是否转出和转入进行分析，然后利用 Tobit 模型，对转出和转入实际规模的影响因素进行进一步的分析，剖析影响粮食主产区农地流转主要因素，为发展和完善农地流转政策提供依据。

一、模型设定和变量选择

（一）模型设定

1. Logit 模型

农户是否转出或转入农地，都是一个二分变量，而自变量既有连续变量也有离散变量，故适合采用 Logit 模型进行分析。对于农户是否转出农地而言，如果转出则赋值为 1，没有转出则赋值为 0；如果转入则赋值为 1，没有转入则赋值为 0。设 $Y=1$ 的概率为 P，取值范围为 0~1。将比数 $P/(1-P)$ 取自然对数得 $\ln P/(1-P)$，即对 P 作 Logit 转换，记为 $Logit P$，则 $Logit P$ 的取值范围在 $-\infty \sim +\infty$ 之间，以 $Logit P$ 为因变量，则 m 个自变量分别为 X_1，X_2，$\cdots$，X_m 所对应的 Logit 回归模型为：

$$\text{Logit}P = \ln[P/(1-P)] = \beta_0 + \beta_1 X_1 + \cdots + \beta_m X_m$$

$$(4-1)$$

$$\text{或 } P = \frac{\exp(\beta_0 + \beta_1 X_1 + \cdots + \beta_m X_m)}{1 + \exp(\beta_0 + \beta_1 X_1 + \beta_2 X_2 + \cdots + \beta_m X_m)} \quad (4-2)$$

模型中，β_0 为常数项，表示自变量全为 0 时，比数的自然对数值；X_j（$j = 1，2，\cdots，m$）为影响农户流转农地的因素；β_j 是 X_j（$j = 1，2，\cdots，m$）对应的偏回归系数；exp（·）是以自然对数（2.718 28）为底的指数函数。

2. Tobit 模型

对农户农地转出规模 S_1 和转入规模 S_2 运用 Tobit 模型进行分析。Tobit 分析主要用于被解释变量受限制时的一种分析方法，其概念最早由 Tobin J. 教授于 1958 年提出。当因变量为切割值或片断值时，运用极大似然法概念的 Tobit 模型分析影响因素是一种较好的选择，而且 Tobit 回归还有一个很好的特性就是回归解释变量可以是连续型数值变量也可以是离散变量。

对于转出变量的分析模型可以表示为：

$$S_{1i}^* = \beta_0 + \beta_1 X_{1i} + \beta_2 X_{2i} + \cdots + \beta_m X_{mi} + \sigma\mu_i, i = 1,2,\cdots,N$$

$$(4-3)$$

式中，σ 是比例系数；μ_i 表示第 i 个农户的误差项或干扰项；S_{1i}^* 是第 i 个农户的农地转出面积的潜在变量；β_m 是偏回归系数，表示当其他自变量取值保持不变时，该自变量取值增加一个单位引起 S_{1i}^* 的变化量；X_{mi} 表示第 i 个农户的第 m 个自变量的观测值。则被观测的数据 S_{1i} 与潜在变量 S_{1i}^* 的关系如下：

$$S_{1i} = \begin{cases} 0 & \text{若 } S_{1i}^* \leqslant 0 \\ S_{1i}^* & \text{若 } S_{1i}^* > 0 \end{cases} \quad (4-4)$$

对应地，对于转入变量的分析模型可以表示为：

$$S_{2i}^* = \beta_0 + \beta_1 X_{2i} + \beta_2 X_{2i} + \cdots + \beta_m X_{mi} + \sigma\mu_i, i = 1,2,\cdots,N$$

$$(4-5)$$

式中，σ 是比例系数；μ_i 表示第 i 个农户的误差项或干扰项；S_{2i}^* 是第 i 个农户的农地转入面积的潜在变量；β_m 是偏回归系数，表示当其他自变量取值保持不变时，该自变量取值增加一个单位引起 S_{2i}^{*} 的变化量；X_{mi} 表示第 i 个农户的第 m 个自变量的观测值。则被观测的数据 S_{2i} 与潜在变量 S_{2i}^{*} 的关系如下：

$$S_{2i} = \begin{cases} 0 & 若\ S_{2i}^{*} \leqslant 0 \\ S_{2i}^{*} & 若\ S_{2i}^{*} > 0 \end{cases} \qquad (4-6)$$

对 Logit 模型和 Tobit 模型分析的估计均采用极大似然函数估计。

（二）变量选择

参考现有文献研究并结合文件调查数据，本研究选择的影响农地流转的自变量主要包括户主特征、家庭经营特征、区域经济特征三个方面 11 个具体变量，具体变量及其预期影响方向见表 4-1。

表 4-1 自变量及其预期影响方向

变量名称	农地转出	农地转出规模	农地转入	农地转入规模
户主年龄	正向	正向	负向	负向
户主文化程度	正向	正向	正向	正向
家庭农业劳动力个数	负向	负向	正向	正向
非农收入比重	正向	正向	负向	负向
自有耕地面积	负向	不确定	不确定	不确定
自有耕地块数	负向	负向	负向	负向
家庭是否拥有大中型农业机械	负向	负向	正向	正向
本村土地租金	正向	正向	负向	负向
流转期限	正向	正向	正向	正向
地区类型	正向	正向	正向	正向
村级是否组织	正向	正向	正向	正向

户主特征方面，选取了户主年龄、户主文化程度 2 个变量。预期分析户主年龄因素对农地转出具有正向作用，因为年龄越大，劳动能力下降，越倾向于转出农地，而对转入的影响正好与之相反。户主文化程度对农地流转的影响是复杂的，对转出具有正向作用，户主文化程度越高，越有可能从事比较效益更高的其他产业，从而倾向于转出农地；而文化程度对农地转入预期方向也是正向的，即文化程度越高，接受农业科技的水平能力

越强，越有利于转入农地。这种分析看似矛盾实际上并不矛盾，因为转出、转入是分别进行计量分析的。

家庭经营特征方面，选取了家庭农业劳动力数、家庭非农收入比重、家庭承包耕地面积、家庭耕地块数、家庭是否拥有大中型农业机械等5个变量。家庭农业劳动力数量越多，对转出的预期影响是负向、对转入的预期影响是正向的，因为家庭农业劳动力数量越多越有利于农业生产。家庭非农收入比重对转出具有正向影响、对转入具有负向影响，因为家庭非农收入比重越高，说明农户有更好的收入来源，越不愿意从事农业生产。家庭承包农地面积对转出预期影响为负，家庭耕地面积越小，就会限制农业规模化生产，增加农业生产成本，从而降低农户农业收入水平，因此倾向于转出农地，家庭耕地面积越大的预期影响则相反；对转入方来说预期影响不明朗。家庭承包农地的块数对转出和转入的预期影响是负的，耕地块数越多转入方越觉得麻烦而不愿意转入。家庭拥有大中型农业机械，如拖拉机、收割机等，越有利于农业生产，因此倾向于转入农地。

在区域经济因素方面，本研究选取了流转租金、流转期限和地区类型、村级集体组织是否组织流转等变量。租金作为耕地流转的直接收益，租金越高，农户越倾向于流转，而转入方由于成本增加流转面积就会越小。合同期限对转入和转出的预期影响都是正向的，因为作为转出方和转入方都希望有比较长期稳定的合作关系。如果地区农产品加工业比较发达或者与农产品加工业有比较强的联系，便有利于农地的转出和转入。村级集体经济组织流转对转入和转出预期影响都是正向的，因为与农户自发流转相比，村级集体经济组织流转能够为流转双方提供信息、管理等服务，降低流转成本。

二、数据来源与样本描述

2018年研究团队做了两次调研，第一次调研在2018年4月，主要采取随机调研，但对农业经营主体有所侧重。在6月做了补充调研，重点针对种植大户、家庭农场、农民专业合作社等新型农业经营主体。调查对象有河南省豫北地区滑县、延津县、濮阳县，豫南地区息县、固始县、正阳县、豫东地区的永城市、郸城县共 8 个县，16 个乡，32 个自然村。对一般农户和新型农业经营主体发放调研问卷 750 份，有效问卷 710 份，其中一般农户 595 份，新型农业经营主体 115 份（种植大户 70 份，家庭农场 13 份，农民专业合作社 15 份，农业企业 17 家）。调研结果显示：未流转农户 390 份，占农户总量的 57.52%（这里的农户包含一般农户、种植大户、家庭农场），有农地转出的农户 190 户，占农户总量的 28.02%，有农地转入的农户 98 户（包含虽有农地转入、但转入后耕地面积在 20 亩以下的一般农户 15 人，其他为家庭农场和种植大户），占农户总量的 14.45%。所调研的农民专业合作社全部有农地转入，企业中有 13 家进行了农地流转（有少数种子企业和深加工企业与农民签有订单，但没有进行农地流转）。

本部分重点分析农户农地转出和转入影响因素，因此剔除农民专业合作社和农业企业样本，将一般农户、家庭农场、种养大户等都作为农户，共 678 份有效问卷，根据调查实际情况对转出和转入影响因素进行分析。根据实际调查和前面的分析，本研究拟选取户主个人特征、家庭特征、农业资源禀赋、区域类型等方面的 11 个变量作为自变量进行分析，具体变量及其赋值、描述性分析见表 4 - 2。

表 4 - 2　变量赋值说明及描述性分析

变量名称	变量定义	最小值	最大值	均值	标准差
农地是否转出	$y=1$ 有；$y=0$ 没有	0	1	0.099	0.300
农地转出规模	农地转出面积（亩）	0	13	0.805	2.627
土地转入	$y=1$ 转入；$y=0$ 没有转入	0	1	0.374	0.486
农地转入规模	农地转入面积（亩）	0	3 000	50.311	317.664
户主年龄	户主实际年龄	31	70	54.221	9.557
户主文化程度	1＝文盲，2＝小学，3＝初中，4＝高中（含中专），5＝大专，6＝本科及以上	1	5	2.947	0.816
家庭农业劳动力数量	家庭农业劳动力数量	0	6	2.145	1.138

（续）

变量名称	变量定义	最小值	最大值	均值	标准差
非农收入比重	家庭非农收入占总收入的比重（%）	1.1	100	63.595	25.498
自有耕地面积	家庭承包农地的面积（亩）	0.1	40	10.081	5.513
自有耕地块数	自有耕地块数	1	15	3.298	2.200
家庭是否拥有大中型农业机械	y=1 有；y=0 没有	0	1	0.252	0.436
本村土地租金	如果有农地流转，按实际价格，如没有流转按照本村价格（元）	100	1 100	466.107	150.643
流转期限	流转合同年限（年）	0	20	2.656	4.195
地区类型	1=加工业比较发达地区；0=加工业比较落后地区	0	1	0.527	0.501
村级是否组织流转	1=村集体经济组织流转；0=村民自己流转	0	1	0.145	0.353

三、结果与分析

（一）农户农地转出行为及转出规模影响因素

利用 Eviews6.0 软件，对农户农地是否转出和转出规模影响因素分别进行 Logit 和 Tobit 模型分析，分析结果如表 4-3 所示。从中可以看出，总体模型拟合度在 1% 水平下达显著水平。农户农地转出行为和转出规模的影响因素基本一致，但部分变量影响显著性存在差异，多数变量与预期影响方向一致，但个别变量却相反。

表 4-3　农户农地转出行为及转出规模影响因素分析结果

变量	转出行为（Logit 模型）		转出规模（Tobit 模型）	
	系数估计（β）	显著概率水平	系数估计（β）	显著概率水平
常数	−31.800**	0.049	−66.499***	0.008
户主年龄	−0.074**	0.040	−0.192	0.298

（续）

变量	转出行为（Logit 模型）		转出规模（Tobit 模型）	
	系数估计（β）	显著概率水平	系数估计（β）	显著概率水平
户主文化程度	0.562	0.521	0.433	0.731
家庭农业劳动力数量	−0.169*	0.065	−0.287	0.676
非农收入比重	0.304**	0.018	0.635***	0.001
自有耕地面积	0.274	0.240	0.415	0.308
自有耕地块数	0.215	0.451	0.394	0.488
家庭是否拥有大中型农业机械	−2.069	0.122	−3.146	0.192
本村土地租金	0.102*	0.072	0.004**	0.081
流转期限	0.717**	0.018	1.527***	0.000
地区类型	3.650*	0.062	7.346*	0.076
村集体是否组织流转	0.686*	0.083	1.964*	0.057
模型整体检验				
统计量观测值		678.000		
似然比（LR）的伴随概率	0.000***		0.000***	
模型的 R^2 值	0.765		0.648	

注：*、**、***分别表示在10%、5%、1%的误差概率水平上统计显著。

户主特征方面。农户年龄对转出行为有负向影响，说明年龄越大越倾向于不转出，对转出行为的影响在5%误差概率水平上达到显著水平。这与预期影响效果恰恰相反。但经过进一步分析，这种现象是符合事实的。调研发现户主年龄在50岁以上的达到70%，他们一般从事农业劳动，并不选择外出打工，并且劳动经验丰富，惜地心理比较突出，除非年龄过大，超过70岁以上或者身体不好，一般倾向于耕种现有农地。文化程度对转出行为和转出规模呈正向影响，与预期方向基本一致，但达不到显著水平。

家庭经营特征方面。家庭农业劳动力数量对转出行为和转出规模呈现负向影响，与预期方向一致，对转出行为在10%误差概率上达到显著水平，而对转出规模影响并不显著。家庭非农收入比重对转出行为和转出规模均呈正向影响，并且分别在5%和1%误差概率上达到显著水平。调研中发现，农民非农兼业明显的农户，或者外出打工，或者开商店，或者从事其他非农工作，因而不重视农业收入而倾向于转出农地。耕地面积和耕地块数的影响与预期方向一致，但都没有达到显著水平。家庭是否拥有大中型农业机械对转出行为和转出规模均有负向影响，与预期影响方向一致，但都没有达到显著水平。分析原因主要是当前粮食主产区农机社会化服务水平还是比较高的，小麦、水稻、玉米等机械化程度也比较高，即使农户没有大型农业机械，机耕、机收、机播等社会化服务也能满足生产需要，因此对转出意愿并不突出。

区域经济特征方面。本村土地租金对转出行为和转出规模均呈正向影响，并且达到10％和5％的显著水平。合同流转年限对转出行为和转出规模呈正向影响，分别达到5％和1％的显著水平。地区农产品加工业比较发达或者与农产品加工业有比较强的联系，对转出行为和转出规模都具有正向影响，与预期影响方向一致，都在10％误差概率上达到显著水平。调研中发现，永城市、淮滨县农产品加工业发展水平较高，延津县与外来农产品加工业有较强的合作关系，农户流转发生相对普遍。村集体是否组织流转对转出行为和转出规模具有正向影响，与预期方向一致，并且达到10％的显著水平，说明村集体在为流转双方提供信息、管理等服务，在降低流转成本和降低违约风险方面起到了比较明显的作用。

（二）农户农地转入行为及转入规模影响因素

利用 Eviews6.0 软件，对农户农地转入行为和转入规模分别进行 Logit 和 Tobit 模型分析，分析结果如表4-4所示。从中可以看出，总体模型拟合度达到1％水平下显著水平。农户农地转入行为和转入规模的影响因素基本一致，但部分变量影响显著性不同。

表4-4　农户农地转入行为及转入规模影响因素分析结果

变量	转入行为（Logit 模型）		转入规模（Tobit 模型）	
	系数估计（β）	显著概率水平	系数估计（β）	显著概率水平
常数	−4.834	0.143	−734.307	0.123
户主年龄	0.038	0.351	5.961	0.328

（续）

变量	转入行为（Logit 模型）		转入规模（Tobit 模型）	
	系数估计（β）	显著概率水平	系数估计（β）	显著概率水平
户主文化程度	0.270	0.540	117.943*	0.095
家庭农业劳动力数量	0.656**	0.032	115.454***	0.008
非农收入比重	−0.069***	0.000	−9.028***	0.000
自有耕地面积	0.050	0.415	21.023	0.142
自有耕地块数	0.395	0.113	49.086	0.164
家庭是否拥有大中型农业机械	1.106*	0.058	96.948**	0.017
本村土地租金	−0.002*	0.073	−0.249**	0.024
流转期限	0.497***	0.000	27.450**	0.038
地区类型	1.441**	0.038	105.655**	0.036
村集体是否组织流转	1.309	0.227	334.725**	0.013
模型整体检验				
统计量观测值		678.000		
似然比（LR）的伴随概率	0.000		0.000	
模型的 R^2 值	0.583		0.768	

注：*、**、***分别表示在 10%、5%、1%的误差概率水平上统计显著。

户主特征方面。户主年龄对转入行为和转入规模均有正向影响，与预期影响方向一致，但达不到显著水平。实际调研中发现，转入农地的农户年龄一般都在 45～60 岁，50 亩以下的规模经营者年龄一般在 50 岁以上，而上千亩的经营者年龄略小，在 40～50 岁，年龄过大、过小的户主转入农地的较少。文化程度对转入行为和转入规模呈正向影响，与预期方向基本一致，但对转入行为达不到显著水平，对转入规模达到 10%的显著水平。调研中发现，经营面积在 50 亩以下的农户文化程度并不高，主要是与他们从事农业生产经验比较丰富，同时也接受过比较多的技术培训有关，而经营面积较大的种养大户或者家庭农场户主文化程度相对较高。

家庭经营特征方面。家庭农业劳动力数量对转入行为和转入规模呈现正向影响，与预期方向一致，对转入行为在 5%误差概率上达到显著水平，而对转入规模影响达到 1%的显著水平。家庭非农收入比重对转入行为和转入规模均呈负向影响，都达到 1%的显著水平，说明种养大户及家庭农场总体上都以农业生产经营为主要收入来源。耕地面积和耕地块数对转入行为和转入规模没有显著影响。家庭是否拥有大中型农业机械对转入行为和转入规模均有正向影响，与预期方向一致，分别达到10%和5%的显著水平，调研中发现一般经营面积在100亩以下的种植户购买大型农业机械的比重并不高，他们的农机作业主要还是依靠农机社会化服务，而经营面积较大的种植户购买拖拉机、收割机等大型农业机械比重较高，转入农地有利于充分发挥这些设备的作用，并且他们还能为周边群众提供农机作业服务。

区域经济特征方面。土地租金对转入行为和转入规模均呈负向影响，分别达到10%和5%的显著水平，说明土地租金是农业规模经营成本的重要部分，直接影响着农地流转和规模经营。合同流转年限对转入行为和转入规模均呈正向影响，分别达到1%和5%的显著水平。地区农产品加工业比较发达或者与农产品加工业有比较强的联系，对转入行为和转入规模都具有正向影响，与预期影响方向一致，都在5%水平上达到显著水平。村集体是否组织流转对转入行为和转入规模具有正向影响，与预期方向一致，但对农户转入行为没有达到显著水平，对转入规模达到5%的显著水平。分析原因是较多的小规模经营户当前还是以农户私下签订合同为主，并没有通过村集体经济组织协调进行流转，而规模较大的经营者多数通过村集体经济组织协调进行了流转。

四、小结

研究表明，影响农户农地转入和转出的因素不尽相同，影响流转行为和流转规模的影响因素基本相同，但显著水平有明显差别。定量分析表明，影响农户农地转出行为的主要因素是户主年龄、家庭农业劳动力数量、非农收入比重、本村土地租金水平、流转期限、地区类型等因素，影响农地转出规模的影响因素主要有非农收入比重、本村土地租金水平、流转期限、地区类型、村集体是否组织流转等因素。影响农地转入行为的主要因素有家庭农业劳动力数量、非农收入比重、家庭是否拥有大中型农业机械、本村土地租金、流转期限、地区类型等因素，影响农地转入规模的主要因素是户主文化程度、家庭农业劳动力数量、非农收入比重、家庭是否拥有大中型农业机械、本村土地租金、流转期限、地区类型、村集体是否组织流转等。粮食主产区制定农地流转政策时应考虑这些因素，提升地区经济发展水平、促进农村一二三产业融合发展，使更多的农村劳动力从事其他产业，提升小农户农地流转的转出意愿；提高农业机械化水平，加大新型农业经营主体的培训力度，尤其是加大对实际从事农业经营的年龄段（45～55 周岁）农民的培训，以利于提升农业综合效益水平，加大他们流入农地的需求；通过签订租金合理、年限较长的流转合同，以利于稳定双方流转关系，并发挥村集体经济组织在流转中的中介和监督作用。

第五章 粮食主产区农地流转模式比较分析

关于农地流转的模式分类，可以从不同的角度进行划分。2018 年修订的《中华人民共和国农村土地承包法》（2018 年修正）将农地流转方式划分为代耕、互换、转包、转让、出租、入股等，这种分类方法主要是从承包经营权在转出方和转入方如何转移角度进行划分的，这也是农地流转模式研究和分类的基础。有学者从流转规模的大小将农地流转模式划分为集中流转和分散流转两类。也有学者（徐鲜梅，2015）从各地农地流转的实践出发，归纳出具有当地特色的农地流转模式，但这种分类方法并不系统和严谨等。

根据调研，农地流转模式在实践中是十分复杂的，上述视角的分类是相互交叉的，例如出租方式，转入方既可以是涉农企业，也可以是农民专业合作社，转包、入股等也存在同样的现象。另一方面，即使是单个农地流转转入方（经营者），例如农业企业，不少也是通过租赁、入股等流转方式获得土地，甚至不通过土地流转而通过托管等方式获得农地。另外，新时代农地流转也出现了一些新特征和新模式。本研究的目的是通过对农地流转模式的比较分析，探索出在不同地区、不同经济社会发展条件下适宜推广的模式，因此，本研究主要以承包经营权转移方式为基础、结合转入经营主体类型，利用两个维度交叉组合来研究粮食主产区农地流转实践中存在的主要模式（因为单从一个维度来区分并不能很好地研究实践中的模式特征，并且也没有必要研究那些在实践中很少出现，且没有太多价值的二维度组合模式），结合典型案例，归纳剖析粮食主产区农地流转的主要模式及其特征，并从增收效应、对农业现代化促进效应、纠纷风险防范效应、非农非粮风险防范效应、适宜推广地区等几方面进行比较分析。

一、粮食主产区农地流转主要模式

（一）农户自发流转模式

1. 概念和特征

农户自发流转模式是指农户以家庭为单位，将承包的农地通过代耕、互换、转包等形式，流转给其他农户从事农业生产经营的农地流转模式。在流转决策中起决定作用的是农户个体，转出主要原因是家庭无力耕种土地，或者是外出务工，家庭农业劳动力不足，或者是本家庭土地不连片。农户自发流转模式一般无需中介组织，而是流转双方直接进行对接，流转后承包权仍然在原承包方，转入方只是获得了经营权。这些农户自发流转一般也没有在发包方（村级集体经济组织）备案。

代耕是指暂时无力或不愿经营承包地的农户，经自行协商把承包地临时交给集体经济组织内其他农户代耕代种。代耕一般发生在亲戚之间或者关系十分亲近的邻里之间，转出方一般不要求代耕方支付地租，或者仅支付极少量的物质报酬。由于市场经济的发展，这种模式近年来越来越少。

互换是指承包方之间为方便耕作或者双方需要，对属于同一集体经济组织的承包地块进行交换，同时交换相应的土地承包经营权。这种方式下双方的权利关系一般比较简单，只要双方能够达成一致意见并报发包方（村级集体经济组织）即可，流转后一般各自的地块数量减少、单块面积增大。

转包是指承包方将部分或全部土地承包经营权以一定期限转给同一集体经济组织的其他农户从事农业生产经营。转包后原土地承包关系不变，原承包方继续履行原土地承包合同规定的权利和义务，接包方按转包时约定的条件对转包方负责。从实际调研来看，这种模式逐渐成为农户自发流转的主导模式，接包方一般也是当地的专业种植户，但这些农户种植规模不是很大，例如在河南省豫北地区，一般都在 20 亩以下。

2. 典型案例剖析

河南省新乡市延津县西吐村地处河南省北部传统农业生产区,有 1 480 人,耕地 3 000 多亩。近年来,该村已有 2/3 的青壮年把就业方向从经营土地转向了第二、三产业,土地流转现象比以前普遍,但与其他地区相比,农民惜地心理比较突出,因而土地流转面积仍然偏小。2017 年 5 月,课题组对该村 30 户农户进行了随机调查。从流转数量来看,土地转出户 6 户,占 20%;转入户 2 户,占 6.7%。流转频率比前些年有所增长,但仍远低于其他地区。从流转主体来看,主要是本村农户,并且这些农户经营规模也都在 20 亩之下,没有形成跨村、跨乡流转,也没有流转给农业龙头企业、农民专业合作社等主体。从流转方式来看,代耕 1 户,主要是流转给本家兄长,基本上属于无偿流转,转包 5 户,占到转出比例的 83.3%,无论是转出户还是转入户都是口头协议流转,也没有向村委会登记备案,平均流转年限为 4 年。

(二) 种植大户、家庭农场转包模式

1. 概念和特征

种植大户、家庭农场转包模式是指种植大户或者家庭农场作为转入方的转包模式,也是当前农地流转中发生频率最高的模式。转包是指承包方将部分或全部土地承包经营权以一定期限转给同一集体经济组织的其他农户从事农业生产经营。转包后原土地承包关系不变,原承包方继续履行原土地承包合同规定的权利和义务,转入方只是获得了土地使用权或者称之为经营权,而承包权仍然在原承包方。从实际来看,转包的主体主要是同一集体经济组织的家庭农场或者是种植大户,实际经营过程中是复杂的,作为转入方的家庭农场除了通过转包获得转入土地之外,也可以同时通过转让或者租赁的方式获得部分土地。家庭农场是我国新型农业经营主体,是指以家庭成员为主要劳动力,有成套的机器设备,生产作业的主要环节由家庭成员使用机器完成,达到一定的经营面积,从事农业规模化、集约化、商品化生产经营的主体。在粮食主产区的多数地区,种植大户、家庭农场进行农地流转和规模经营也是发生频率最高、流转面积最多的经营模式。

据课题组调研，在多数情况下，承包方与接包方双方签订《农村土地承包经营权流转合同》，双方及所有经营权共有人签字盖章，签订流转合同后，也向发包方进行了备案。另外，家庭农场和种植大户签订的流转合同期限也比较长，一般在5～10年，但近几年由于农业生产成本上升、风险加大，部分地方种植大户和家庭农场由于经营不善、效益较低而存在退地现象。调研结果还显示，粮食主产区各地租金不等，以河南省为例，豫北地区2015年亩均租金约1 000元，2017年有所下降，一般亩均800元；豫南地区租金相对较低，2015年亩均租金700元左右，2017年调研降至亩均500元左右。双方签订合同时，多数租金是固定的，也有双方协商根据市场行情变化定期调整的。这种农地流转经营模式如图5-1所示。

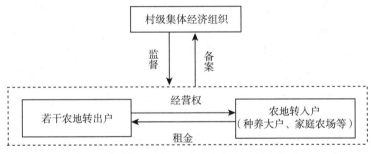

图5-1　家庭农场、种植大户农地转包模式

2. 典型案例剖析：以滑县阳虹家庭农场为例

（1）基本情况

滑县是河南省第一产粮大县，是全国第一小麦生产大县。截至2016年底，全县家庭农场已发展到926个，其中，从事种植业866个、养殖业46个、种养结合14个。全县第一家家庭农场——滑县阳虹家庭农场是家庭农场的典型代表。该农场位于滑县留固镇东留固村，农场主耿女士及其丈夫是本地有名的种植能手。2007年，耿女士从村民手中流转土地100亩，2008年，新增加流转土地300亩，目前农地流转面积已达500多亩，冬季主要种植小麦，秋季主要种植玉米，另外还养殖绵羊400多只。劳动力主要以家庭成员为主，同时长期雇用工人1名，并拥有农业机械多套。

为帮助耿女士办好家庭农场，滑县农业局为耿女士所经营的500亩土地完善基础设施建设，实现水、电、路三配套，同时还安装了3台太阳能杀虫灯，配备了蓝色、黄色诱虫板。滑县农业局还专门派出技术人员，定期或不定期地对该家庭农场进行技术指导。

（2）主要成效

一是经济效益比较显著。2016 年，小麦亩产 1 200 斤①，玉米亩产 1 200 斤左右，按小麦 1.1 元/斤、玉米 1.15 元/斤计算，每亩 1 年毛收入 2 700 元，除去生产资料、承包费等各项费用，每亩净收入约 490 元，500 亩净收入约 24.5 万元。肉羊养殖常年每只毛收入约 1 000 元，扣除物质和人工成本约 750 元，净收入约 250 元，400 只约 10 万元。这两项总收入约 34.5 万元，虽然绝对收入水平并不算特别高，但已远高于外出务工收入了。对于土地转出户来说，每亩还可得 1 000 元的土地租金，加上国家的各种涉农补贴，每亩可得到 1 100 多元的收入，并且能够安心从事二、三产业，远比流转前小规模经营的收入水平高。二是社会效益比较显著。阳虹家庭农场促进了本村劳动力转移。三是生态效益显著。阳虹家庭农场采取循环农业的模式，小麦和玉米秸秆做成养殖饲料、羊粪又能返回田间，有效杜绝了秸秆焚烧现象，做到了废物的再利用，保护了生态环境。

（3）突出问题

据耿女士向我们反映，目前存在的突出问题：一是种植、生产风险仍比较大。原来也从事蔬菜、西瓜的规模经营，但价格波动太大，并且用工量多，所以改种小麦和玉米，虽然风险有所降低，但生产风险也远高于二三产业，面临病虫危害、冰雹灾害等风险。虽然已加入农业生产保险，但保险公司赔付范围和赔付率很低。二是羊肉价格波动也比较大，从 2014 年下半年起价格下降幅度加大，使肉羊养殖收益率大幅度降低，甚至赔钱。三是土地租金比较高，并且没有得到国家的粮食生产补贴，限制了家庭农场的利润空间。

（三）农业企业租赁模式

1. 概念和特征

以出租方式转入土地，转入方主要有涉农企业、农民专业合作社、种

---

① 斤为非法定计量单位，1 斤＝500 克，下同。

养大户等，但规模较大并且有代表性的还是涉农企业（企业租赁）。农业企业农地流转租赁模式指农户承包的农地向从事农业生产经营的企业流转的一种形式，其核心是农户经营权流向的是具有法人地位的企业，企业承接土地后从事高效农业生产，或调整农业结构，实现经济高效、生态安全的规模化现代化农业生产，而转出户仍然具有承包权，出租后原土地承包关系不变，原承包方继续履行原土地承包合同规定的权利和义务。企业获得土地的具体方式一般是租赁（对转出方来说是出租）的方式（在实际调研过程中企业也有通过入股方式获得土地经营权的），农民通过出租土地承包经营权获得租金，在不少情况下，农民还可以在企业务工获得工资性收入。也有部分企业，为了调动当地种植大户等新型农业经营主体的积极性，采取返租倒包的模式。企业租赁经营模式如图5-2所示。

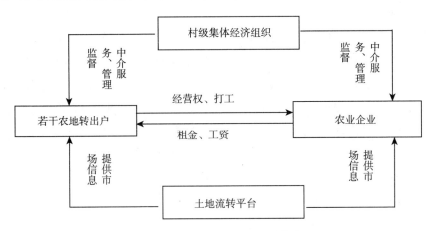

图5-2　企业农地流转租赁模式

涉农企业租赁农民土地的原因，有的是因为农业加工企业对农产品原料的品质和技术有特定要求，而农民一般不易掌握这些特定技术和标准，采用一般订单生产不能满足企业的需求。例如贵州茅台酒股份有限公司为了保证优质的小麦来源，在延津县租赁2万亩耕地发展有机优质小麦作为原料基地。也有不少农业企业以特种农业种植和销售为主业，为追求种植业利润、扩大经营规模而租赁农民土地。涉农企业获得土地的方式，一般是以村级集体经济组织或者土地流转中心等作为中介或管理组织，在流转过程中，通过村级集体经济组织的牵头协调，流转双方及基层组织之间签订正式流转合同，规定流转各方的权利、义务及流转期限，并在村级集体经济组织备案，这样能够起到信息畅通、节约交易成本的作用。近年来，由于不少地方建有土地流转市场，也出现了土流网、聚土地、搜土地等互联网农地流转平台，有部分企业和农户通过土地流转市场和网站获得信息，并完成流转行为，但是一般仍然需要在村级集体经济组织备案。

2. 典型案例剖析：中鹤集团租赁流转

中鹤现代农业开发集团有限公司（简称中鹤集团），位于鹤壁市浚县北部王庄镇，是一家从事农业产业化全产业链经营的集团公司。企业前身为成立于 1995 年的河南淇雪淀粉有限公司，现已发展成为一家占地 5.8 平方千米、注册资本 10.91 亿元、员工 3 500 人、以农产品精深加工、农业生产为主的国家级农业产业化重点龙头企业，是国家财政参股企业、河南省重点龙头企业。

自 2010 年以来，中鹤集团以土地流转为抓手，实施农业规模化发展战略。为改变农村一家一户分散生产、独立经营、粮食产量质量难以保证的状况，稳定企业原料供给、提高原料供给质量，在当地政府的积极支持下，中鹤集团按照依法、自愿、有偿的原则，以每亩每年 600 千克小麦的折价，通过租赁的土地流转方式将农民的耕地集中起来，2017 年流转面积达到 3 万亩。农民通过村集体成立了"土地流转专业合作社"来维护自身整体利益，王庄镇政府成立了"土地流转服务中心"来规范土地流转行为，合作社、服务中心和中鹤集团达成协议：每年的 5 月 31 日前，保证中鹤集团将租赁费交给农民，同时也规定了在承包期内，农民个人不能干涉企业的正常经营。中鹤集团对流转、置换过来的土地进行再整理，整理重点是"四旁"（村旁、树旁、路旁、沟旁）和"四荒"（荒山、荒坡、荒丘、荒滩），提高了粮食产量水平。王庄镇政府和中鹤集团把过去分散在田间地头的大大小小的坟头也迁移到新建的公墓里，方便大规模的现代化耕作。中鹤集团还牵头建立了河南省规模最大的农机合作社——浚县鹤飞农机服务专业合作社，购买大型拖拉机 95 台，小麦玉米收获机 164 台，深松机、免耕机、新型播种机、施肥机等 300 多台（套），植保机械 150 部，对流转的土地进行统一机械化作业，农机作业量辐射至浚县、滑县、内黄、汤阴、淇县等周边地区。

通过土地流转，实现了农田万亩以上连方，将农业大田建成了企业的"第一车间"，基地实行规模化种植、科学化管理、标准化生产、集约化经营，大大提升了农业规模化、机械化、标准化、科学化水平，加快了农业现代化进程。中鹤集团在大力发展农产品精深加工业的基础上，大力发展农业集约化种养、粮食收储、粮油贸易、农产品连锁超市、环保与能源等相关产业，形成"产加销、贸工农"一体化的全产业链运营体系。2016年，集团资产达到19.6亿元，实现销售收入14亿元，利润7 000万元，吸收劳动力3 000人，带动农户年均增收2 500元左右。

（四）农民专业合作社入股流转模式

1. 概念和特征

农民专业合作社入股流转模式是指具有农地承包权的农户为发展农业经济，将土地承包经营权作为股权与现有的农业企业、农民专业合作社或者村级集体经济组织签订协议，将承包地量化为企业或合作社股权，并定期取得流转租金和分红的农地流转方式。在实际经营过程中，入股模式的转入方多为农民专业合作社和企业，而以入股合作社流转模式更具有代表性。与现金、固定资产或者技术等入股仅取得分红不同，农民专业合作社入股流转模式下转出农户获取收益的方式主要由租金和分红两部分组成。租金是农民将土地以入股方式转给农民专业合作社进行统一耕种和经营，合作社按照流转合同约定支付租金。分红是合作社按照农民入股的土地数量和劳动力情况折算成一定的股份，在年终或约定的时间点依照合作组织效益情况分配收益。合作社转入农地后，有的合作社本身承担农地生产经营，也有的合作社将农地转包给种植大户进行经营。入股模式被看成农地流转的高级形式，农民用土地作股加入合作社成为股东，参与合作社经营和管理，未来在集体经济和合作经济发达的地区具有较强的可推广性。典型的农民专业合作社入股流转模式运行机制如图5-3所示。

在实际经营过程中，农民专业合作社流转农地的模式，除了以土地入股之外，还可以通过租赁等形式流转农地，也有些合作社同时通过这两种或两种以上的方式流转土地。然而，也有不少名义上的农民专业合作社，但其经营权被控制在核心发起人手里，其他社员实质上并没有参与合作社

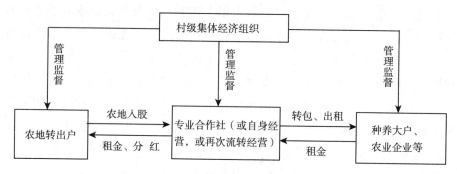

图 5-3　农民专业合作社入股流转模式

的运营和决策，这些合作社也没有给社员提供分红，所以从实质上来讲，这种合作社并不算真正意义上的农民专业合作社，仍是一个种养大户。

这种流转模式在比较发达的地区相对较多，如广东省南海模式等，但在粮食主产区较少。随着粮食主产区经济社会的发展，这种模式将来也是农地流转规模经营的重点发展模式。

2. 典型案例分析

（1）信阳市江湾村土地信用合作社

江湾村隶属河南省光山县，全村人多地少，2017 年全村 2 815 人，耕地 3 482 亩，人均耕地 1.24 亩。村里青壮劳动力大多外出打工，不少地块出现"撂荒"现象。2009 年 2 月底，在江湾村党支部书记江世学带领下，经村民讨论成立江湾村土地信用合作社。按照社员大会通过的合作社章程，农民以入股的方式将土地流转给合作社，实现了村集体具有农地所有权、农户拥有农地承包权、合作社拥有农地经营权的"三权分置"制度。合作社设立了社员代表大会、理事会、监事会。农户以承包的农地作为股份，每年从合作社获得分红收益。合作社采取类似返租倒包的方式对转入的土地资源重新分配，吸引种植大户、投资商等发展高效农业和特色农业。合作社成立经营 10 多年来，多数农户积极申请存入土地，县级金融部门也给予了大力扶持，主动找合作社发放贷款，农村的种养大户、投资商人也积极找合作社"贷"地耕作经营，年创利润 20 多万元。江湾村土地信用合作社被有关媒体称为河南省第一家"土地银行"，也有学者把它当成土地信托的一种形式，但实质上，其运转并不是依照信托原理，政府支持的色彩比较浓厚。

（2）湖南省光明农地股份合作社

合作社位于长沙市望城县白若铺镇光明村，具有良好的地理区位、自然资源和人文资源优势，全村土地总面积 9.4 平方千米，耕地面积 3 482.5 亩，山林 5 000 余亩，水田 1 200 余亩，农户 940 多户，人口 3 400 多人。2008 年，由光明村的斑竹塘、易家屋场等多个居民组发起成立了土地专业合作社，农户以土地承包经营权入股，实行自主经营、民主管理、入社自愿、退社自由的管理制度。详细运行机制是：①股权设置：入股方式包括以稻田、水田、山地、旱地入股，按实际入股面积计算股份，如每亩稻田为 1 股，其他土地按流转定价折算入股；农户也可以用货币出资入股。②财务制度：严格按照农民专业合作社财务会计制度进行核算，为每个农户设立财产账户。③经营方式：农户提交土地承包经营权入股申请书，并量化为货币作为出资额；合作社将入股土地出租给经营效益好的农业企业、种养大户或其他农业生产者。④收益分配：入股农户可以获得土地租金和分红两部分收入，其中土地租金为保底收益。农民除了获得租金和分红之外，还可以在农业企业务工，获得工资性收入。流转后实现了规模经营，提高了农产品的产量和质量。同时，由合作社出面与农业企业等生产经营者签订协议，降低了交易成本。这种经营模式也吸引了一批项目落户光明村，为村镇发展筹措了资金。

（五）土地信托流转模式

1. 概念和特征

农地信托流转模式是指在农村土地使用权市场化的背景下，以不改变土地性质和土地权属为基础，农户基于对受托人的信任，将土地经营权作为信托财产，通过规范程序，依法、自愿、有偿转让给信托机构（受托人），信托机构按照委托人的意愿，保证受益人的特定目的或利益，对土地承包经营权进行规划和管理。在这种流转模式中，进行流转的是"经营权"，"经营权"转化为信托财产（在金融市场发达的国家和地区甚至可以转化为债券在市场买卖），原土地承包农户还保留着"承包权"。

信托关系成立必备的三大类体要素是委托人、受托人和受益人。与西方国家不同的是，我国不能设立以土地所有权为基础的土地信托——农民并非土地的所有权人，而实践中是依据属于集体组织中的个人成员的农村土地承包经营权设立的土地信托法律关系。农地信托流转的委托人有个人委托人和合伙型委托人两种情况。个人委托人即农户作为单个个体与信托机构等设立土地承包经营权信托关系。农村集体组织作为一个集合体担任委托人，实质上是合伙型委托人的扩大。受托人是指信托机构接受土地承包经营权信托受托并为受益人（农户或第三人）进行利益管理、经营土地，并有取得报酬、请求补偿的权利。受益人与委托人在多数情况下是重合的（亦有例外），因为农户进行委托后，一般并没有将受益权转让给其他人。当农村集体经济组织以集体共有土地进行信托时，信托利益可归集体共有，这种情况下的受益人类型为集体受益人。

土地信托流转的具体操作模式，主要是指商业信托公司流转模式。也有专家将土地信用合作社流转模式（有时被称作"土地银行"）也归为土地信托的一种形式，但实质上土地信用合作社模式中政府行政和支持的色彩比较多，且并不是按照真正的信托原理来运行的。

2. 典型案例分析：济源市农村土地经营权信托流转

河南省济源市位于河南省北部，近年来，济源市认真贯彻中央全面深化农村改革的部署要求，以开展土地承包经营权确权颁证、推动农村土地股份化经营为基础，深化农村全面改革。2014 年 4 月 1 日，中信信托与济源市政府合作实施"中信济源农村土地承包经营权集合信托计划"，涉及土地流转面积 2 万亩，为河南省首个土地流转信托项目，将两个镇三个村 900 户农民的 2 837 亩土地委托中信信托管理经营，并借助其央企背景和金融平台，引进了具有规模经营能力的专业大户。这宗土地信托项目的大致步骤为：中信信托通过济源当地政府，将流转土地进行整合，与农户签订土地流转信托协议。土地使用方——鄢陵县花艺绿化公司从中信信托手中获取土地，并将土地租金交付中信信托用于支付土地流转费用。这个项目的目的是防风固沙、防治雾霾。项目实施地之一的济源市轵城镇西添浆村，流转的 1 500 亩土地已经种上了花木，每亩地年租金 1 300 元，协议期限 30 年。据介绍，该镇有 3 万亩土地已经流转，单论租金，该信托项目支付的最高。在租金收入外，还有七八十位村民在苗木基地打工。68

岁的村民李军胜说，家里 10 亩地全部流转，不用再干农活了，两个孩子在外务工，他在苗木公司打工还能照顾孙子上学。中信信托负责济源项目的经理解释说，村里承包地确权颁证是此次信托计划完成的首要前提。与流转给大户不同，土地流转给信托公司，还将激活土地的金融功能。中信济源农村土地承包经营权集合信托计划的运行机制如图 5-4 所示。

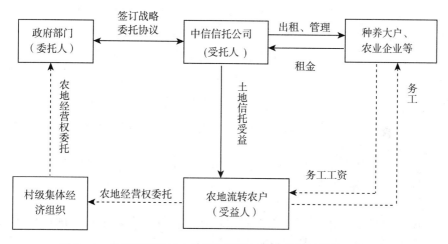

图 5-4 中信济源农村土地承包经营权集合信托计划的运行机制

全新的土地信托模式，改变了政府、企业、农民三方打交道的方式。有了信托的兜底，农民最大程度获得土地增值的收益，即便出现了农企违约，信托方也会支付农户地租。政府则从土地流转的琐事中彻底解脱出来，并有望借助信托引来的第三方得到新的经济增长点。农民手中的土地进入信托领域，除了收取租金，未来在政策完善之后，还有进入金融市场的空间。比如土地信托收益权流转交易、土地资产证券化等。

二、不同模式比较分析

国家推进农地流转的目的和初衷，就是为了解决未来谁来种地和谁来种粮的难题，促进农业现代化的发展，保障粮食安全和主要农产品供给，促进农民增收、农业增效。根据国家推进农地流转的目的，结合有关文献，从增收效应、对农业现代化推动效应、非农化和过度非粮化防范效应、合约规范性及纠纷防范能力、可推广地区等五个维度，对不同农地流转模式进行比较分析。

结合农户问卷调查及典型案例调查，本研究整理出不同模式转出方和转入方的效益情况，整理比较结果见表5-1。2018年4月10—25日和6月8—20日，我们两次对一般农户和新型农业经营主体进行调研，获得有效调研问卷710份。其中，转出问卷190份，转入问卷126份（包含一般农户和新型农业经营主体）。属于农户自发流转的30份（其中代耕6份，互换4份，转包15份），种植大户（家庭农场）转包190份，出租79份（其中企业租赁35份，种植大户租赁30份，家庭农场租赁14份），入股（合作社）17份。同时，课题组还对济源市土地信托、中鹤集团等典型案例进行了调研，也通过查阅文献等方法进行了案例分析，以此为基础比较不同农地流转模式的优缺点。

（一）经济效应

这五种农地流转模式，增收效应存在着比较大的区别，不同模式转出方和转入方的效益情况整理比较结果见表5-1。

表5-1 农地流转主要模式经济效益比较

主要模式	交易成本高低	亩平均租金	转出方效益情况	转入方效益情况
农户自发流转模式	低	300	较低，主要获得租金收入	较低，亩均效益与当地一般农户差别不大
种植大户（家庭农场）转包	低	600	较低，主要获得租金收入	较高，亩均效益比一般农户提高15%左右，取得一定规模效应。但近两年部分大户效益较差，甚至有亏损现象
农业企业租赁	较低，但部分较高	1 000	较高，除获得租金收入外，部分还能获得农业企业的务工收入	高，亩均效益比一般农户提高10%左右，但规模效应比较突出，总利润比较明显。个别企业由于经营不善，有出现草荒甚至撂荒现象

（续）

主要模式	交易成本高低	亩平均租金	转出方效益情况	转入方效益情况
农民专业合作社入股	较低	700	较高，除获得租金收入外，还能得到分红，部分还能在合作社获得务工收入	较高，亩均效益比一般农户提高15%左右，能取得一定规模效应
土地信托	较高	1 100	较高，部分还可获得经营农地的企业务工收入	高，由于一般从事高效农业，经营土地者效益明显

在农户自发流转模式中，代耕方式虽然交易成本比较低，但由于双方都不是以耕地的经济利益最大化为目的，流转的租金很低，甚至零租金，转出方几乎没什么收益，转入方流转后的农地规模仍然偏小，无法实现规模化经营，效益水平没有明显增加。互换这种模式，互换双方进行土地耕作比较方便，交易双方耕地细碎化程度有所改善，在实际调研过程中，互换模式发生的频率也比较低。转包给本集体的其他农户，一般转入方的规模不是很大，例如在河南省中北部地区调研中，种植规模不少都在20亩以下，规模效应没有很好地发挥出来。

种植大户（家庭农场）转包模式是当前粮食主产区农地流转的主要模式。在实际调研过程中，除了转包之外，家庭农场获得耕地的方式也有不少是通过其他村集体的农户出租获得的，但经营特征与转包差别不大。家庭农场（种植大户）与转出农户或者直接对接，或者通过村集体进行对接，由于与转出农户关系比较熟，所以交易成本也不是很高。在豫北地区调研显示，地租在2016年以前比较高，一般达到800～1 000元，但近两年有所下降，一般为600～800元（豫南地区一般为400～600元）。从转出农户的效益来说，主要是获得了租金，转出农户多数选择外出打工。而作为转入方的家庭农场（种植大户），经营规模多数在500～1 000亩，一定程度上实现了适度规模经济效应，从事粮食经营的一般可获得年利润10万～20万元，从事蔬菜种植的可获得30万元。豫南息县等地个别经营规模过大，有的达到2 000亩以上，由于病虫危害、旱涝灾害时有发生，因此也有亏损情况。豫南地区种粮大户土地流转规模经营存在不少困难，规模经营在 2 000 亩以上的，由于一次性投入较高，每年还要支付土地承包费，融资渠道不畅通，种植品种结构单一，管理不到位等各种因素，导致经营举步维艰，面临着管理难、回收慢、压力大等难题。也有些流转大户由于经验不足，流转之后不知道种什么，有很大的盲目性，物质和技术准备不足，效益没有保证。

企业租赁模式，就交易成本来说，龙头企业一般不与单个的农户对接并签订合同，而通过村级集体经济组织或者其他中介组织实现与农户的对接，因此交易成本比较低。与其他经营主体相比，企业租赁模式流转价格一般比较高，转出农户得到了较高的土地租金，并且部分农民还可以到公司务工，取得一定的工资性收入。农业龙头企业一般从事的是规模型、科技型的现代农业生产，或者本身从事效益比较高的农产品深加工，实现了与市场的有效对接，经济效益比较高。这种模式一般适宜于工业化程度比较高的农区，例如前文所说的茅台酒厂在延津县租赁土地，种植有机小麦作为白酒的生产原料。

农民专业合作社入股模式还是比较少的。但是，一般流转的规模都比较大，经济效益也比较高。转出农户以流转的农地作为生产资料入股，可以获得一定的股金收入，有的还可以以自己的农产品或者其他资产入股，也可获得一定股金收入。部分农民在转入农地的企业继续从事农业生产而获得一定的工资性收入。该种模式一般适宜于农民组织化程度比较高或村集体经济比较强、经济社会发展水平比较高的地区。

土地流转信托实现了土地所有权、承包权和经营权三权的进一步分离，农民土地信托流转后收益一般比较高，也有保证，因此可以放心地从事其他产业。土地流转信托模式将细碎化的土地经营权集中于信托机构，实现了土地集约化和规模化经营，并且一般从事效益比较高的产业，有利于农业增效、农民增收。此外，该模式有利于土地使用权（经营权）通过资本化改造，面向更广泛的市场，拓宽农业和农民融资渠道，吸引金融机构给予担保贷款等支持。土地信托模式目前在粮食主产区刚刚起步，还处在探索、完善的阶段。

（二）促进现代农业发展

这五种农地流转的模式，对现代农业的促进效应存在着一定的区别，本研究整理出不同模式促进现代农业发展效应的情况（表5-2）。

表5-2　农地流转主要模式对现代农业发展促进效应比较

主要模式	流转后经营面积	新品种新技术推广情况	田间管理情况	亩产增产情况
农户自发流转模式	比较小，一般都在20亩以下	与一般农户差别不大	比流转之前有了明显提升，一般没有撂荒现象	比流转之前增产10%～15%
家庭农场（种植大户）转包	比较大，多数在50～100亩。超过1 000亩以上的较少	机械化程度、新品种、新技术都有明显提升	多数比流转之前有了明显改善。有个别规模较大的管理比较差，出现草荒和病虫危害	比流转之前增产10%～20%，有个别出现减产现象
农业企业租赁	比较大，一般都在5 000亩以上，甚至上万亩	机械化程度、新品种、新技术都有明显提升，有的种植特色专用品种	田间管理水平比较高，听群众反映有出现草荒甚至撂荒现象	比流转之前增产10%。有个别出现严重减产现象
农民专业合作社入股	大，一般都在3 000亩以上	机械化程度、新品种、新技术都有明显提升	田间管理水平比较高，没发生撂荒现象	比流转之前增产10%～15%
土地信托	大，一般都在3 000亩以上	一般种植优势特色作物，新品种新技术推广情况良好	田间管理水平较高	一般发展高效农业

农户自发流转模式中，流转后耕地细碎化程度有所改观，但转入户仍然属于小规模经营。据在豫北滑县、延津、濮阳等县调研，多数代耕、互换模式的规模仍在10亩以下，发生转包行为的规模多数也在20亩以下。流转后田间管理比流转之前有了比较明显的改善，没有出现撂荒现象，比当地一般农户增产10%～15%，甚至更多。在当地推广的新品种、新技术一般也成效明显。

种植大户（家庭农场）转包模式对农业适度规模经营促进作用比较大，多数经营面积在50～100亩，有20％在100～300亩，田间管理情况、新品种、新技术采纳情况也比一般农户有了明显改善，农业机械化水平也有了明显提升，比一般农户增产15％～20％。在豫南息县调研发现，有少数经营面积过大，超过2 000亩，由于仓储设施跟不上，受收获季节阴雨天的影响，受损较大。

农业企业农地租赁模式中，经营规模都比较大，机械化程度高，新品种、新技术推广程度高。例如，中鹤集团种植的都是优质专用小麦，为集团加工业的发展提供了优质原料。茅台酒厂在延津县发展种植有机小麦，被称作"中原第一麦"，高端化的有机专用小麦种植技术得以应用。但在豫北滑县和豫南息县调研时，有群众反映，也有极个别企业租入土地后经营不善，出现草荒甚至撂荒现象，这些企业一般是对农业生产经营并不擅长的工商企业。

农民专业合作社入股模式中，多数在转入土地后，选取种植大户或者农业企业进行经营，同时加强了农民专业合作社的管理环节，也有合作社自身进行经营的，一般种植蔬菜等经济作物，对现代农业促进作用也比较显著。

土地信托是一种新型的农地流转模式，在粮食主产区比较少见。济源市2万亩农地土地信托流转后，主要发展花卉苗木产业和生态旅游产业。未来随着农业信息化和农村金融条件的改善，这种发展模式将有比较大的潜力。

（三）合约规范性及纠纷防范能力

不同模式合约规范性及纠纷防范能力情况见表5-3。

表5-3　农地流转主要模式合约规范性及纠纷防范能力

主要模式	合同签订情况	合同规范性	纠纷发生率	潜在纠纷风险
农户自发流转模式	很低	不规范	较少发生	高
家庭农场（种植大户）转包	较高	基本规范	很少发生	较高
农业企业租赁	接近100％	规范	很少发生	较低
农民专业合作社入股	接近100％	很规范	未发现	很低
土地信托	接近100％	很规范	未发现	很低

根据问卷调查，在农户自发的流转模式中，70％靠口头约定，30％签订了书面合同，但大多也不太规范，缺乏比较重要的条款，有的合同双方的权利义务没有得到明确确认，也没有违约责任的条款，其中20％没有按照《农村土地承包经营权流转管理办法》相关条款在发包方（村级集体经济组织）备案。在实际操作过程中，流转双方的博弈地位和掌握的信息基本是对等的，争议纠纷、侵占农民权益的出现频率并不是太高，问卷调查显示有95％以上的农户反映没有发生纠纷。从流转年限来看，这种模式年限一般较短，约3～5年。但是从潜在风险来看，发生纠纷的风险是存在的，随着经济社会的发展，不规范的合约产生纠纷的风险会更大。

在种植大户（家庭农场）转包模式中，85％签订了合同，并且在发包方进行了备案，合约的规范性也比农户自发流转大大增强。有50％的种植大户（家庭农场）流转土地，是通过村级集体经济组织牵头与农户签订书面协议，这种情况下村级集体经济组织是作为农民利益的代言人而存在的，集体经济组织掌握了农户、涉农龙头企业较充分的信息，相对能够节约交易成本。从流转年限来看，这种流转模式转包合同期限较长，一般在5～10年。在调研的种植大户（家庭农场）中，90％反映与转出农户没有发生纠纷，也很少有违约现象。但在豫南地区调研发现，有个别大户与承包户产生纠纷的，也有种植大户与转出农户协商根据市场行情每3年调整地租的。2016年以后，群众反映随着种植成本的上升、自然灾害风险的加大，加上其他挣钱门路的增多等因素，种植大户（家庭农场）存在经济效益下降而进行退地的现象。

在龙头企业租赁模式中，企业与农民（或者通过村级集体组织）之间一般签订了比较规范、正式的书面合同，流转规模也比较大，一般都在2 000亩以上，有的上万亩。在双方博弈谈判过程中，企业大多掌握更充分的市场信息，占绝对优势地位，而农户往往难以掌握市场信息和走势，因此流转价格与其实际产生价值相比可能偏低，企业一般在流转中获得更多的收益。但从最新几年的调研来看，由于加强了监管，纠纷案件也很少。这种模式流转时间一般较长，约10～15年。

合作社入股模式中，一般坚持农民自愿原则，农民以农地经营承包权入股合作社，基本上都签订了比较规范的书面协议。从合作社内部结构来看，社员之间的博弈地位基本相当，很少出现"一边倒"的情况，土地合作社大多由村级集体经济组织或者具有较高权威的农村能人发起并担任主要职务，但是决策机制会在很大程度上制约博弈能力的过分悬殊。这种模式的流转期限也比较长，以5~10年居多。

农地信托流转模式中，由于签订了比较规范的农地流转合同，多数地方政府加强了监管，产生的纠纷还是比较大的。

（四）非农化和过度非粮化防范效应

不同模式非农化和过度非粮化防范效应见表5-4。

表5-4　农地流转主要模式非农化和过度非粮化防范效应

主要模式	非农化	未来风险	与流转前相比粮食种植面积变化情况	过度非粮化风险
农户自发流转模式	未发现	较小	略有增加	较小
家庭农场（种植大户）转包	未发现	较小	变化不明显	较小
农业企业租赁	很少发生	有一定风险	有所减少，主要生产企业农产品原料	有一定风险
农民专业合作社入股	未发现	较小	减少较多，种植蔬菜、中药材的较多	有一定风险
土地信托	未发现	较小	减少较多，种植花卉苗木较多	有一定风险

在农户自发的流转模式中，90％的农户在流转后与流转之前的产业结构变化不大，有5％的农户粮食种植面积还有所提升，并且80％的农户从事小麦、玉米等粮食作物的生产。100％的农户在流转后，仍然从事农业生产，没有将耕地转为其他非农用途。

在种植大户（家庭农场）转包模式中，75％的经营者与流转之前相比，产业结构并没有发生大的变化，在豫北延津县、滑县、濮阳县的经营者多数仍然从事小麦、玉米种植，在豫南地区息县、固始县的经营者多数仍然从事小麦、水稻等种植，在豫东的扶沟等地的经营者也多从事粮食、蔬菜种植。也有25％的经营者流转之后，粮食种植面积有了一定的降低，而蔬菜、花生、花卉等经济作物的种植面积有所增加。100％的农户在流转后，仍然从事农业生产，没有将耕地转为其他非农用途的。鄢陵县、建安区（原许昌县）等地有部分抱有投机心理而承包土地的种植大户（以为政府要征地，为了获得赔偿而承包土地，但后来政府并没有征地致使投机心理落空），也种植了苗木，因此，这种模式还是存在一定的非粮化的风险。

近年来，由于加强了监管，农业企业租赁农户土地进行经营，多数从事农业生产，也有一些企业发展其他特色产业，与种植大户（家庭农场）经营模式相比，非粮化的风险加大。有部分工商企业资本下乡，是抱着逐利目的去的，存在着改变耕地用途、发展建筑用地的动机，存在着农用地非农化的风险。调研中发现有在流转农地上增加设施用地的现象。

合作社入股流转农地之后，或者合作社本身从事农业生产经营，或者返租给种植大户经营，基本上没有改变农地用途。但也有不少从事蔬菜种植、食用菌栽培等特色产业。

农地信托流转模式中，由于签订了比较规范的农地流转合同，一般当地政府部门加强了管理，改变农地用途的比较少。但流转后，多从事高效农业，非粮化的倾向比较明显。

（五）可推广性及可推广地区

从问卷调研来看，农户自发流转模式占总流转户数的10％，多发生在传统农业区和经济社会发展较为落后的地区，随着市场经济的进一步扩展，这种模式需要进一步压缩和规范。

种植大户、家庭农场转包模式发生的比例最高，所占比率为38％。这种模式当前在粮食主产区有比较广泛的适应性，特别是在流转双方关系熟的情况下，能够减少交易成本。下一步发展方向是要进一步规范合同管理，优化转出、转入方的利益协调机制，特别要明确对耕地地力保护等补贴的分配机制等。

农业企业租赁模式虽然发生频率并不高，但一般流转规模比较大，大都在2 000亩以上，甚至上万亩，在有些村庄甚至发生整村流转给农业企业的现象。这是加工业比较发达或者与大型农产品加工企业有紧密联系的粮食主产地区农地流转的重要模式，在这类地区有比较强的可推广性。未来需要进一步加强监管，防止非农化现象和过度非粮化现象的产生，防止由于信息不对称侵害农民利益。

农民专业合作社入股流转模式在粮食主产区发生较少，但随着经济社会条件的改善和农民合作意识的增强，尤其是随着集体经济的发展，这种模式在不少地区具有较强的可推广性。

土地信托模式在粮食主产区发生较少，但随着经济社会条件的改善，尤其是随着农村金融、土地市场和农业信息化程度的提升，未来5~10年这种模式在经济比较发达、特色产业比较突出的粮食主产区具有较强的可推广性。

第六章　粮食主产区农地流转支撑机制研究

进入"十三五"时期以后，粮食主产区农业发展呈现出新的特点，也面临着新形势、新问题，农地流转也呈现了一些新特点。当前，农地流转规模经营者融资难、融资贵的难题十分突出，部分地区"非农化"时有发生，有些地区规模经营过度非粮化问题比较突出，流转双方农户权益保障和利益分配问题需进一步完善，农业信息技术在农地流转管理服务中的作用日益重要，本部分针对这些粮食主产区农地流转中存在的突出问题，重点从优化农地流转金融支撑机制、信息支撑机制、农民权益保障机制、非农化和过度非粮化风险防范机制等问题开展进一步探索。

一、农地流转中的金融支撑机制

（一）金融支撑农地流转的作用分析

农地流转金融支撑支持，是指各级政府部门为推动农地流转和规模经营，对农地流转规模经营主体制定财政担保、生产保险等财政支持政策，对支持农地流转规模经营的银行或者其他金融机构也给予税收、补贴等优惠政策，银行等金融机构加大金融产品创新、改善金融服务，从而解决农地流转规模经营者融资难和融资贵等问题。

由于经营规模的扩大，农地转入户转变为家庭农场、专业大户、农民专业合作社等新型农业经营主体，他们中不少都需要购买必要的大型农机、建设农田基础设施、仓储等固定资产，也需要不菲的人力费用支出，更需要支付相当规模的土地租金。由于资金需求的增加，对银行等正规金融机构的依赖性明显增强，因此需要放宽现有资产的可抵押条件、扩大可抵押物的范围，从而降低融资成本和难度。从课题组在河南调研的情况来看，新型农业规模经营主体的资金需求一般远远高于普通农户。例如粮食生产，大型规模经营主体一般需要购买拖拉机、收割机、播种机等生产工具，规模更大的经营者还需建设仓储厂房，并且需要支付每亩约 800～1 100 元的土地租金，投资多在 30 万元以上，豫南地区较大规模的种植户有的甚至达到几百万元，对多数农业规模经营主体来说压力不小。根据课题组 2019 年 4 月在河南省延津县、永城市、郸城县、正阳县、滑县对 223 个专业大户、家庭农场、农民专业合作社等规模经营主体的调查，有贷款需求的占到 74%，但由于在正规金融机构贷款比较困难，只有 20% 的新型农业经营主体得到了贷款。

农业是弱势产业，面临着自然和市场的双重风险，农业规模化生产导致面临的农业生产风险集中，规模经营主体面临的风险远远大于一般农户，一旦遇到突发的自然灾害，会给经营主体带来较大的损失，有时甚至导致破产。因此，与一般农户相比，随着农地流转规模的不断扩大，规模经营主体对农业政策性保险的需求更加迫切。据课题组对河南省第一产粮大县滑县的阳虹家庭农场农场主耿女士走访，原来农场从事蔬菜、西瓜的规模经营，由于价格波动太大，并且用工量多，改种小麦和玉米，风险有所降低，但仍会受到病虫害、冰雹等风险影响。虽然加入农业生产保险，但保险公司赔付范围和赔付率很低。根据课题组 2019 年 4 月在河南省延津县、永城市、郸城县、正阳县、滑县调研也证实了赔付率很低。对 223 个专业大户、家庭农场、农民专业合作社等规模经营主体的调查显示，90% 的经营主体购买了农业生产保险，有的还为入股的农户购买了农业生产保险，承保对象主要是小麦、玉米、蔬菜等作物。

（二）当前农地流转金融支撑存在的突出问题

"十二五"时期以来，国家出台了一系列支持农地承包经营权、大型农业机械抵押贷款的新文件和新政策，不少地方进行了有益的探索，如农地流转金融支持模式、互联网金融等。例如，在河南省长葛市探索了农村承包土地经营权抵押贷款工作，取得了比较明显的成效。但总体来看，当前的金融支撑体系仍不能满足农地流转规模经营的贷款需求。主要体现在如下方面：

1. 农地流转金融支持渠道单一

农村金融机构主要是指中国农业发展银行，商业性金融组织以农村商业银行（农村信用合作社）、中国农业银行、邮政储蓄银行等为主。中国农业发展银行重点支持粮棉油收储和农业农村基础设施建设，对农地流转的家庭农场、种养大户、合作社等新型农业经营主体几乎不直接发生业务。目前，中国农村的金融服务主要来源于农村商业银行（农村信用社），其次是中国农业银行，但由于银行的逐利性质，对风险较大的农地流转抵押贷款业务开展很少。不少地方邮政储蓄银行虽然开展了小额贷款业务，但与农地流转规模经营并没有直接关系。要想激活农村土地流转的金融支持市场，就必须开拓创新更多的金融支持渠道，并形成良性的竞争机制。

2. 土地流转金融支持力度不够

首先，农村信用社的贷款利率普遍较高，如 2018 年半年期、一年期贷款利率分别达到 5.85%、6.31%，土地流转融资成本居高不下。其次，农村土地流转的融资额度较小，小额贷款额度每户最高是 5 万元，对经营面积在 20 亩以下的种植大户来说，多数可以满足生产需求，但对更大规模的经营主体来说显得杯水车薪，不能满足他们对基础设施、机械设备等方面的投资需求，并且贷款手续烦琐，担保手续严格。据不少农户反映，有的地方还要求家庭有公务员进行担保才能申请贷款。另外，涉农贷款的贷款期限较短，当前金融机构农业贷款期限一般都低于 3 年，多数都在 1年，满足不了对农村土地流转资金周转的需要。为支持新型农业经营主体，多数地方将耕地地力保护补贴的增量部分资金用于成立农业信贷担保公司，重点用于支持新型农业经营主体。但从调研情况来看，支持覆盖面很低，不到总体的 1%，能够获得担保贷款的多是规模较大并有经济实力的主体，绝大多数仍不能获得担保贷款。

3. 农村金融信贷产品创新不足

伴随着农村土地流转市场的不断发展，农业生产者对金融信贷产品的需求也呈现出个性化、多样化的态势。目前，金融机构农村信贷产品主要局限于抵押类贷款、联保贷款、小额信用贷款。现有的农村信贷产品与多样化的农户金融需求存在较大差距，金融需求与金融供给明显错位。另外，虽然中央和地方政府文件多次提到支持农户利用农地承包经营权、大型农业机械作为抵押进行贷款，不少地方也进行了探索，但是金融机构还是因为农业生产风险大、效益低、土地承包经营权不易处置等原因不愿意放贷。

4. 农业保险发展相对滞后

农业生产保险具有高风险、高成本的特点，因此一般的商业保险公司对农业生产保险积极性并不高。2007 年中央财政鼓励开展农业再保险业务，并且再保险补贴比例不断提高，补贴品种和区域也不断扩大。随着农村土地流转和规模经营的发展，农民对农业保险需求快速增加，目前农业保险供给与需求之间存在着明显错位，种植业灾害鉴定程序、理赔手续复杂，农户获得赔偿不足。在豫西部分县市，一些地方蔬菜、中药材、食用菌等特色农业种植面积较大，对这些品类保险需求旺盛，但当地并没有开展这些保险业务。根据河南省延津县、正阳县、嵩县、郸城县、永城市五县（市）新型农业经营主体对农业保险政策满意度调查来看，十分满意的占 10%，总体满意的占 45%，不满意的占 45%，其中对养殖业保险满意度相对较高，对种植业保险满意度相对较低。

（三）优化农地流转金融支撑机制

为支持农村土地流转的进一步发展，在顶层设计上应该构造以政策性金融、商业性金融、合作性金融为主体，民间金融、互联网金融为补充的金融组织体系，打造完备的农业生产保险支持体系，创造健全的金融生态环境支持体系，在控制金融风险的前提下发挥金融对土地流转的促进作用，提升金融对土地流转的支持水平（图 6-1）。

1. 优化农村土地流转金融组织体系

各类金融机构应充分发挥各自的支持作用，并且相互配合，形成整体支持与协同配合的机制，从而形成合力，达到共同促进农村土地流转和规模经营的目的。应该对政策性金融、商业性金融、合作性金融及民间金融、互联网金融等重新进行功能定位和战略性调整。

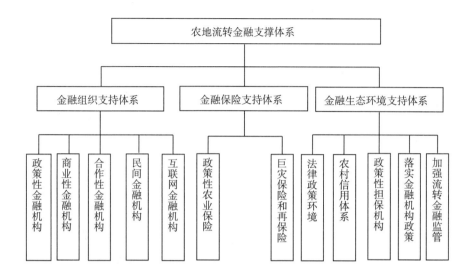

图 6-1　农地流转金融支撑体系框架

中国农业发展银行作为政策性涉农银行，应重点针对农业产业化企业开展贷款业务，对经营规模大、带动能力强、信用记录良好、运行机制规范的农业产业化企业重点给予支持，由面向农业生产服务向农村基础设施、农村土地流转、农业规模经营等方面拓展。中国农业发展银行还要与邮政储蓄银行、农村信用社等其他涉农银行机构加强分工合作。例如，农地经营权抵押贷款业务在运行过程中，农地规模经营者获得的信贷资金来源主要是储蓄资金和财政支农资金，但是财政资金的拨付要以农发行为依托主体，但由于农发行无法直接对接申请贷款的农地经营者，所以国家财政资金可以先下拨给农发行，然后由农发行拨付给农村信用社、村镇银行和中国农业银行等，再通过中国农业发展银行与其他商业银行、合作银行等金融机构的相互配合，提高对农地流转的金融支持效率。

中国农业银行应该在农村土地流转金融支持中起到重要作用。农行应在农村土地流转水平较高的地区对规模较大、带动能力强、运营规范、信誉良好的农业产业化企业实行较为宽松的信贷政策，通过降低贷款条件、实行优惠利率以及创新还款方式等给予信贷支持。农行应针对农村土地流转中不同申请主体的金融需求，加快信贷业务和金融服务方式的创新，简化贷款手续、设定合理利率和贷款结构、开发不同信贷产品。尤其是要开发设计以农村土地经营权、大型农业机械设备为抵押的金融产品，加大农地流转规模经营力度。中国邮政储蓄银行在农业银行覆盖不到的县域拥有众多的基层网点，因此可以作为农业银行的补充，服务对象瞄准县域以下经营规模较小、资金需求量较小的客户，如家庭农场、专业大户等新型农业经营主体，重点开展小额贷款、土地承包经营权贷款等业务，将在农村吸收的储蓄存款投放于农业农村发展。

合作性金融在支持农村土地流转中应起到主力军作用。合作性涉农金融机构主要包含农村信用合作社和农村商业银行。应充分发挥其覆盖网络广、与农户联系紧密、信息成本低等特点，按照功能互补的原则，将客户群体定位于县域以下经营规模较小的新型农业经营主体和一般农户，创新土地流转信贷产品，向不同层次的金融需求者提供相应服务。政府可以采取降低存款准备金率或者采取补贴等方式来加大对农村合作性金融的支持力度。

民间借贷、典当行等民间金融，处于现行制度法规的边缘，缺乏政府的有效监管和引导，但在当前农户民间借贷中的比例还是比较高的，产生纠纷的情况也屡有发生。当前，应该制定民间金融相关的法律法规，加强对民间金融的引导与规范，允许民间金融进入正规金融市场。

鼓励互联网金融介入农地流转领域。2016年，中央1号文件正式提出，"引导互联网金融、移动金融在农村规范发展"。各地应该根据本地实际制定合理、有效的互联网金融政策，助力农村土地经营权抵押贷款的政策实施。依靠互联网现代化工具，能够相对准确、便捷地评估农户土地使用权的价值，能够利用大数据对相关的数据资源进行整合，了解流转双方的流转需求和供给信息，制定出满足当地发展要求的互联网金融产品。当前已经催生了一些为土地经营权提供抵押贷款的互联网平台，例如：土流网，土地资源网、搜土地等，这些互联网平台能够实现信息的传递与分享，以平台为担保在一定程度上增加信息的稳定性与可靠性。

2. 优化农村土地流转保险支持体系

德国为了分散土地抵押信用合作社的金融风险，在土地抵押信用合作社的基础上成立了联合合作社，并以联合社的名义发行联合债券，扩大了债券的流通范围，从而有效地分散了风险，特别是应对自然灾害造成的债券价格大幅波动的风险。德国这种分散风险的机制非常值得我国粮食主产区借鉴。结合当前粮食主产区保险组织机构的现状，本研究提出了针对我国的政策性农业保险组织结构（图6-2）。在地方财力允许的情况下，由地方财政牵头成立政策性农业保险公司，鼓励农户特别是新型农业经营主体参与农业生产保险，降低农地流转规模经营者的生产风险。有条件的地方，成立专门的农业再保险公司，同时再设立大灾保险基金，并在再保险安排、税收优惠等方面对农业保险公司给予政策支持。鼓励督促商业保险公司开展农业保险业务，同时降低保费，增加面对农户的各项保险业务，完善涉农业务，提高服务质量。地方政府财政要提高对新型农业经营主体购买农业保险的保费补贴比例，鼓励农户购买涉农保险，降低生产风险。应加大农业信息化手段，在简化程序、方便群众上下工夫，农业生产保险政策要充分利用遥感技术，以增强受灾鉴定和理赔决策的准确性和科学性。

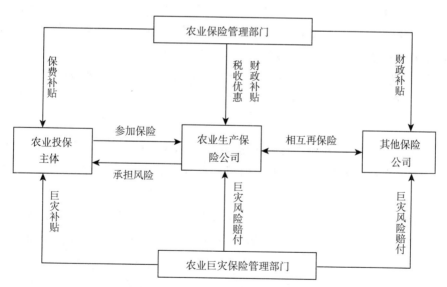

图6-2　农地流转金融保险支持体系

3. 优化生态环境支持体系

构建积极的政策环境。银保监会、农业农村部等相关政府部门陆续出台一系列政策，鼓励涉农银行开展土地使用权抵押贷款业务，各涉农银行要探索土地经营权抵押贷款的操作办法。但是，仅出台相关指导意见和政策远远不够，需要出台针对实践中出现突出问题的比较详细的具体政策和指导文件。当前，我国绝大多数地区对农户农地承包权开展了确权工作，不少地区开展了农地使用权、承包权和经营权三权分置，为涉农银行开展土地承包权经营权抵押贷款业务奠定了法律基础，但需进一步明确划分农地所有者、承包者以及经营者的权利和义务范围，从而减少农地承包、流转和抵押过程中的纠纷。

加强新型农业经营主体信用体系建设。政府部门要发挥主导作用，运用行政手段统一协调中国农业发展银行、农村信用合作社、邮政储蓄银行等机构和部门确定调查和评价口径，利用大数据和云计算等计算机技术为农户和新型经营主体建立全国统一的征信数据库，实现数据资源共享互通，充分利用农业农村部的新型农业经营主体信息直报系统的数据，增强银行系统风险控制水平，扩大对新型农业经营主体的金融支持水平，提高涉农金融机构运行效率。加大诚信宣传教育工作，对信用良好的农户和新型农业经营主体在贷款条件、贷款额度、贷款期限等方面给予优惠鼓励，提高农户和新型经营主体信用意识。

对开展农户和新型农业经营主体贷款的金融机构给予税收优惠和财政补贴。在税收政策方面，政府可以通过减免涉农金融机构开展涉农业务的增值税和所得税，对涉农金融机构进行风险高、收益低、期限长的农业贷款提供一定的财政补贴，保障其正常盈利水平。因地制宜开展"政银担保"等合作机制和模式，加大政府财政担保支持力度，分散金融机构涉农贷款业务的风险。

加强农村土地流转金融监管。银保监会要加强对涉农银行的监管，防范涉农金融机构将吸收的农村储蓄资金用于发展非农产业，促使信贷资金遵循"取之于农，用之于农"的原则。保监会加大对农业保险机构的监管，对农业保险机构定期开展业务检查，在发生自然灾害时确保农业保险和农业巨灾风险基金在稳定金融系统、减少农户损失方面发挥重要作用。

4. 优化农村土地经营权抵押贷款制度

在现有经验的基础上，构建和完善农村土地经营权抵押贷款的基本运行机制，具体如图6-3所示。有贷款需求的农地承包者，如新型农业经营主体和农户等向涉农银行提交贷款申请，同时提交土地承包合同、土地流转合同、土地经营权证书和贷款用途说明等材料。涉农银行制定一定的反担保措施，对土地承包者提供的上述材料真实性、合规性进行检查。组建由相关领域的专家组成的评估团队，可以包含农业科研院所、农业技术部门的技术专家、银行信贷部门人员、农民生产能手代表等，或者依托第三方评估机构，依据贷款申请者提供的相关材料对农地价值进行评估，可充分利用现场勘查法、市场比较法、成本核算法等方法进行估价。申请贷款的农户和银行根据专家评估团队出具的土地评估报告进行协商，达成一致意见，银行将吸收的储蓄存款或者国家财政资金发放给贷款申请者，农地贷款者按照合同规定偿还银行发放的信贷资金。同时，要充分发挥政策性农业信贷担保公司的风险分担作用，农业信贷担保公司承担部分因贷款人不能还款而产生的风险。

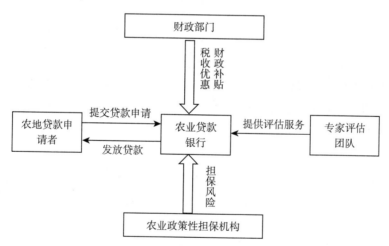

图6-3　农地流转金融保险支持体系

二、农地流转中的信息支撑机制

（一）信息支撑农地流转的作用

当今世界已进入互联网时代，以数字化、智能化、网络化为特征的信息化浪潮蓬勃兴起，为农业农村信息化发展营造了强大势能。党和政府也高度重视信息化发展，对实施国家大数据战略、网络强国战略、"互联网＋"行动等作出重要部署，这为农地流转过程中采用信息化手段提供了政策保障。2008年我国首个从事土地流转的"搜土地网"开始出现，到目前已经有土流网、土地流转网、聚土网、农村土地网、中国活土地信息网等十多个从事提供农地流转供求信息或综合交易的线上互联网平台，虽然目前利用土地流转互联网平台的农户还比较少，然而，未来互联网等信息化手段在促进农地流转、实现规模经营方面将起到越来越重要的作用。信息支撑促进农地流转的作用主要体现在如下几方面：

1. 削弱信息不对称影响

在农地流转过程中，信息不对称会造成流转双方"逆向选择""道德风险"等问题，从而影响交易效率，也容易产生纠纷。当前绝大多数没有通过互联网平台的流转实践中，除了双方彼此熟悉之外，农地流出方与流入方在获取流转信息上均存在不少困难，作为转出方的农户也许对转入农地的企业或合作社等经营状况、流转目的并不了解，而转入方也许事先对转入地的地力、地形、灌溉条件等条件不清楚。而组织化、专业化的互联网土地流转平台则在提供信息和规范等方面存在明显优势。土地流转平台的线下合作机构或者经纪人可以收集、汇编农地相关信息，并利用图片、文字、视频等多种形式在平台进行传播，为农地流转双方提供相对丰富、真实的信息，还可针对双方农地需求提出一些推荐建议，很大程度上降低了流转信息的不对称性。在这一过程中，农地资源得到了比较好的整合和配置，有利于形成比较合理的流转价格，同时有利于促成大规模的农地流转，实现农业适度规模化经营。

2. 降低流转双方交易费用

达成交易是要付出代价的，这个代价就是交易成本，交易成本包括信息查询成本、双方谈判和缔约、履约成本、处理违约成本等。一般线下农户与农户之间的流转模式，单个农户在进行流转时都需要独自进行流转信息查找、洽谈交涉、签订流转合约、在发包方备案等程序，需要付出较高的交易成本，尤其当流转面积较小时，单位成本会更大。由村级集体经济组织或者其他中介机构组织的流转模式，交易成本有所降低，但仍需要较高的成本。在线下流转时，流转双方为防止经济利益或者其他权益受损，需要付出一定的人力和时间来进行监督，交易成本也相应增加。而通过农地流转平台，能够促使流转组织化和规范化，流转双方能够节约较多的信息搜索成本，较快地了解市场信息和对方的情况，增加流转效益。

3. 保障流转双方合法权益

提升政府部门如土地流转服务中心等的农业信息化水平，有利于管理农地流转的整体信息，更好地开展信息服务、档案管理、流转审核、价格指导、合同签证、合同监督、纠纷调处等工作，促进农地流转的规范化、契约化运作，降低土地纠纷，从而保障双方合法权益。当前的一些土地流转平台（机构）能够提供农地面积测量、价值评估等服务，正确引导流转双方协商和沟通，减少纠纷和矛盾，维护流转双方的合法权益。

（二）当前信息支撑农地流转存在的问题

1. 农地流转互联网平台的功能比较单一

当前多数土地流转平台的主要功能是提供供求信息、政策发布宣传等，实质性的服务项目有限，基本上没有涉及土地测量、土壤检测、估价推荐方面的业务，多数也没有实现价格发现和推荐功能。虽然在一定程度上降低了农地流转中的信息不对称问题和土地流转信息搜寻成本，但多数情况下双方的协商、签订协议等工作还是线下进行，议价成本和谈判成本方面节省效果甚微。至于土地流转网络平台开展与金融机构合作，进行金融贷款担保业务及其他综合服务的就更少了。

2. 用户基本信息、供求信息准确性较低

当前多数互联网土地流转平台使用门槛比较低，用户注册后几乎不受审核就能进入平台浏览相关信息，并且可以发布农地供求信息，但对这些信息的真实性、准确性审核程度不够，进入者的真实身份也不易确认，真正的流转者可能对平台产生不信任心理。部分互联网交易平台土地评估人员并不是专业评估人员，不少情况下评估结果缺乏准确性和权威性，不能提供较客观、全面的农地质量评估信息。

3. 农户对农地流转互联网平台知晓度和参与程度较低

根据调研，现在农民使用电脑、手机等已经十分普遍，但有 80% 的农户表示没有听说过农地流转的线上平台，很难将农地流转与互联网平台联系起来，其他农户表示虽然听说过，但不十分清楚，只限于在一些土地流转网站浏览相关信息，很少注册成为平台用户，也很少通过浏览的需求信息与对方进行沟通、联系，他们认为网上的信息不可靠、交易成功率低。在对一些农业企业负责人、合作社负责人、家庭农场场主进行调研时，有40%表示没有听说过网络平台，40%表示虽然听说过，但仅限于浏览信息，真正通过线上平台进行农地流转的新型农业经营主体少之又少。

4. 管理部门信息化水平有待提升

农地管理部门，如县级政府的土地流转服务中心，多数人员较少、业务不熟悉，信息化程度低，只有极个别的建有相应的网站，但网站信息加工处理能力不强，信息混乱，信息服务意识不足，没有很好地发挥管理、服务和监督等职能。还有一些县市没有建立土地流转中心等管理服务机构，不能将土地供求信息进行及时有效地收集、整理、发布、交易。

（三）优化农地流转信息支撑机制

1. 促进土地流转互联网平台由信息服务平台向综合性交易平台转型

进一步完善、拓展农地流转互联网平台的功能，促使其主要由发布需求信息的单一功能向土地测量、土壤检测、价格推荐、经营指导、流转交易等综合功能转变，提升自身的核心竞争力，运用积累的大数据及相关测量技术，使得农地流转如在京东、淘宝、亚马逊等购物网站一样方便，成为综合性农地流转服务平台。在组织结构上，应包括线上平台、线下服务机构、数据中心等三大部分，其中数据中心主要包括用户数据、农地实际交易数据、农地挂牌数据的积累，为线上平台和线下服务机构的运转提供基础数据信息。线上平台可包括农地流转信息平台和社交平台，如微信公众号、Web客服端等，在线土地流转平台作为信息传递平台，发布供求信息；线下平台主要包括土地流转服务机构、土地经纪人等。流转服务机构或者经纪人利用地域和人际关系优势，提供土地勘察、信息核实、价格评估、法律咨询和交易协作等服务。互联网土地流转平台企业通过收取加盟费、管理费等盈利，线下流转服务机构和土地经纪人主要通过上述服务获得盈利。线上平台、线下服务机构、数据中心等三大部分互相支持配合，实现土地流转服务线上和线下的无缝衔接。农地流转互联网平台企业运作机制如图 6-4 所示。

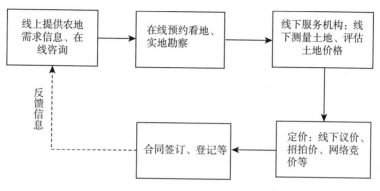

图 6-4 互联网平台土地流转运行机制

农地流转互联网平台应加强对用户的资质审查，进行实名认证。现有互联网流转平台对平台使用者的身份限制较低，手机注册即可进入。要加强严格的身份认证管理，确认平台使用者的真实身份，能够增强平台对浏览者的信息了解，减少欺诈和虚伪信息，保障其他平台使用者的合法权益不受侵犯。加强宣传培训力度，使更多的农民了解和参与互联网农地流转，加强对平台企业员工、加盟商、线下土地经纪人、土地流转服务人员等的业务培训和相关知识培训，提升服务水平。

2. 建立农地流转互联网平台与金融机构合作机制

近年来，我国出台了不少文件，支持农民以土地承包经营权等作为抵押申请金融机构贷款。如 2014 年中央 1 号文件指出："赋予农民对承包地占有、使用、收益、流转及承包经营权抵押、担保权能。在落实农村土地集体所有权的基础上，稳定农户承包权、放活土地经营权，允许以承包土地的经营权向金融机构抵押融资。"但是，由于农地的价值不易评估，同时担心农民不能按期还款时农地承包经营权不易处置和变现，金融机构往往顾虑重重，放贷积极性不高。农地流转互联网平台的加入，有利于解决这个难题。根据土流网等流转平台的经验，可以构建贷款户、金融机构、土地流转互联网平台企业三方合作共赢的运作机制，如图 6-5 所示。

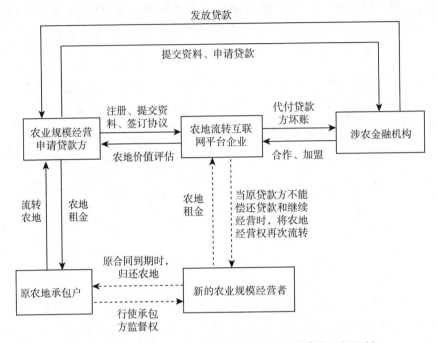

图 6-5　土地流转互联网平台支持农地经营权贷款运行机制

　　土地流转互联网平台建有土地信息数据库，可以把全国及服务区域内农地流转的面积、价格及走势等信息整合起来，形成评估依据。土地流转互联网平台与金融机构签订合作协议，建立土地赔付基金。农民向金融机构提出贷款申请，由土地流转互联网平台利用专业权威的土地估价专家评估其土地价值以及建议放款额度，并出具书面报告，最后由金融机构向贷款申请户进行放款。如果贷款经营者因自然灾害等特殊原因未能及时还款，由土地流转互联网平台企业从土地赔付基金中先行赔付给银行，之后依法将该贷款经营者抵押的土地经营权以合理价格转让给新的农地经营者，等到流转合同到期后，新的农地经营者将土地承包经营权归还给原土地承包户。

　　在条件成熟的地区，这种模式还可引入农业生产保险公司或者担保公司的分散风险作用，促进农地流转互联网平台与保险公司或者担保公司在贷款抵（质）押物保险、涉农保险保单质押贷款、涉农贷款保证保险以及支持农村信用共同体建设等方面开展合作，为贷款申请者提供担保，如农民无法及时还款，保险公司或者担保公司先行赔付，农地流转互联网平台启动土地承包经营权的再次流转，以保证资金偿付。

3. 完善政府对农地流转互联网平台支持和监督机制

一方面政府应加大对农地流转互联网平台企业的政策扶持力度，简化企业申办程序、流程，建立健全奖励和补贴支持机制，设立专项资金对农地流转互联网平台企业进行扶持，并从法律层面明确其合法性。这将增强互联网企业的积极性，推动互联网企业投资农业、参与农地流转的积极性。另一方面，规范农地流转互联网平台竞争市场，加大监督管理力度，确保企业良性竞争，实现企业间以及与政府管理部门的合作共赢，形成良好的竞争环境，使农地流转互联网平台稳步发展、迅速成长，在促进农地流转和规模经营中发挥更大的作用。在农地流转线上线下运行中，确保交易过程的安全性和规范性，保护转入方和转出方的权益；要加强流转后的监管，监督农地用途和耕地性质是否发生改变、有无破坏耕地的现象；对发生纠纷的土地流转事件处理过程中，要重点保护农户的利益，确保农户在互联网平台土地流转中能够得到实惠。

4. 提升政府部门农地流转服务中心的管理信息化水平

整合政府部门的农村土地承包经营权流转服务中心等各类农村产权流转交易机构，建立农村综合产权交易中心，把土地承包经营权流转交易统一纳入其交易范围，发挥其在政策宣传、信息咨询、价格评估、经营权抵押等方面的作用，吸引农户和新型农业经营主体进场交易，推动规范有序土地流转。支持互联网流转平台与农村综合产权交易中心等土地流转管理服务机构建立合作关系，将土地流转管理服务机构发布的相关土地资讯或土地供需信息整合在互联网流转平台上，为农户和新型农业经营主体提供更多土地资源和信息，这也有助于土地流转管理服务机构获取最新的土地信息。农地流转服务中心要完善职能，收集、统计辖区内农地流转供求信息，建立和完善区域土地流转信息资源库，建立土地流转台账，相关信息可以在本中心服务场所和政府网络平台上发布。根据本地的流转需求信息，统一对外发布招商信息。督促土地流转双方及中介当事人签订规范的土地流转合同，探索高效的农村土地评估方法，提供农村土地承包、流转方面的法律法规、政策咨询。

三、非农化和过度非粮化风险防范机制

（一）农地流转中非农化、非粮化现状和原因分析

1. 农地流转中非农化、非粮化现状

正如本研究第三部分所做的分析，由于国家加强了监管，粮食主产区农地流转非农化的现象得到了比较好的遏制，农地流转非粮化现象总体也控制在相对低的水平。2017 年全国粮食主产大省河南省总体平均在63.58%，高于全国平均 55.76% 的水平。然而，当前农地流转后非农化和过度非粮化的风险仍然存在。在粮食主产区也有部分企业或者其他经营主体通过农地流转后，借着发展设施农业、休闲观光农业、农家乐和农业配套设施用地之名，打政策的擦边球，在其附近建立农产品加工厂、大型停车场，发展高端、生态型餐饮、住宿业，从中谋取高额利益。2018 年，自然资源部会同农业农村部，对农业大棚改建私家庄园（俗称"大棚房"）问题开展了检查，查处了一批"大棚房"违法用地案件，发现除京津冀地区之外的很多省份都存在"大棚房"问题，主要分布在济南、潍坊、青岛、郑州、长春等北方城市周边，"大棚房"占用的土地 70% 是耕地，其中也有永久性基本农田，违反了国家耕地保护制度，初步排查发现不少地区还存在流转农地改变农用地性质的问题，具体多表现为以发展现代农业、设施农业为名，擅自改变农用地用途，违法建设餐饮住宿、休闲旅游等经营性场所。

国家尊重农业经营者种植意愿，种植何种作物由经营者自己决定，但是总体前提是应保证国家粮食安全，如果出现过度非粮化现象就必然要受到相关政策惩罚。就非粮化现象而言，根据农业部农村经济体制与经营管理司和农村合作经济经营管理总站合编的 2015—2017 年《中国农村经营管理统计年报》，整理出 2017 粮食主产区各省农地流转率及流转农地用于种植粮食作物的比率如图 6 - 6 所示。从图中可以看出，部分省份农地流转后粮食种植面积还是比较低的，如四川省粮食种植比例仅占32.45%，山东省占 41.46%。即使是流转后粮食种植面积比较大的省份，与流转前相比，粮食种植面积比例也有所下降。例如，根据河南省农业农

村厅提供的资料分析，2016—2018年河南省没有进行农地流转的耕地粮食种植面积分别占74.56%、73.25%、73.13%，流转的耕地粮食种植面积分别占65%、65.6%、62.5%，可见流转后非粮化的趋势是普遍存在的，过度非粮化的风险也是存在的。

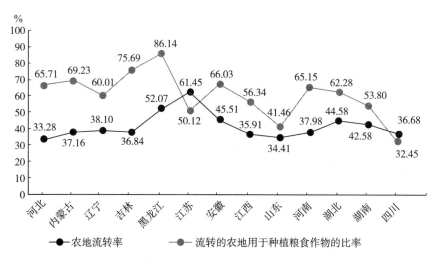

图6-6 粮食主产区各省农地流转率及流转农地用于种植粮食作物的比率

2. 农地流转后非农化、非粮化原因分析

农地流转中非农化风险来源于农地流转后农业种植的效益远远低于用于非农生产产生的效益。尤其是产业化龙头企业等工商企业进入农业后，农地流转非农风险日趋显现。如有些工商企业有拓展业务或转移投资产业的意向，但是他们投资农业领域仅是看到社会上出现的"农业热"表象，凭着盲目冲动而投资农业，或者是想套取国家或地方政府补贴资金，但实际上他们往往对农业的经营风险估计不足。还有些工商企业流转土地的原因是看中了土地特殊的地理位置，流转土地后也并不是打算从事农业生产和经营，真实目的是以后进行建设用地开发，或是为了获取高额拆迁赔偿补贴。

农地流转中非粮化的主要原因是种植粮食的效益远远低于种植蔬菜、花卉等经济作物的效益，特别是一些专业合作社和产业化龙头企业等新型农业经营主体生产经营成本高，比一般农户多支出土地租金等成本，仅靠种粮效益低下。据调查，河南省平原农区一亩地用于种植小麦—玉米两季作物，扣除农地租金、劳动力、化肥、种子、农药和机械等成本后，利润也就 200～300 元，但是转为种植果蔬等经济作物，一亩地的纯利润至少在 600 元以上。随着人民生活质量的提升及消费需求的转变，不少规模经营者选择种植优质粮食品种，但是面临着较高的风险，与经济作物相比还是有不少差距。

作为转出方的原承包户对农地流转后是否改变用途监督不够是非农化的重要成因。按照《中华人民共和国农村土地承包法》，作为农地承包方，即使流转了经营权，只要还具有承包权，也应对发包方负有监督农地用途不能改变等义务。但现实中，转出农户这项义务并没有有效履行。小农户也是理性经济人，在追求利润最大化的驱动下只关注农地租金，而对流转后的用途关注不够。尤其是一些不便于机械化作业的山区，大部分小农户都外出务工了，家里农地有些可能都撂荒了，只要有人愿意转入农地，他们就会立马答应。

地方政府和村级集体经济组织的监督和管理不力是农地流转后非农化和过度非粮化的成因之一。地方政府在追求 GDP 和政绩的驱动下忙于招商引资，尤其在田园综合体、生态旅游等新业态模式出现后，引入的大部分企业流入农地后多是进行三产融合开发，甚至在基本农田内进行配套设施建设或者变相非农开发，种植粮食作物的比较少。同时对经营不善的企业也缺乏有效的管理办法，造成农地流转非农化的发生。

（二）农地非农化和过度非粮化的影响

"国以民为本，民以食为天"，确保粮食安全始终是国民经济发展、社会和谐稳定、国家安全自立的前提，习近平总书记提出"解决好吃饭问题始终是治国理政的头等大事"，同时多次强调"中国人的饭碗任何时候都要牢牢端在自己手上，我们的饭碗应该主要装中国粮"。农地流转后如果过度非粮化，种植经济类树木，或进行畜禽养殖，均会在耕地上建一些养殖场，或者挖塘养鱼，这些虽然也是大农业的范畴，但都会破坏种植粮食的耕作层，而且后者破坏的程度更高。农地流转后非农化是完全破坏了农地的耕作层，直接占用农地进行建设用地开发。农地流转后非农化和过度非粮化均造成种植粮食的耕地面积减少，威胁着国家的粮食安全。非粮化虽然在一定程度上满足人们的多样化膳食需求，但是无法代替大米、小麦等基本口粮对人们的重要性。农地流转后非农化直接造成农业用地数量减少，目前虽然占补平衡政策和土地整理复垦政策可以弥补耕地数量的减少，但是需要投入大量资金而且复垦耕地质量与占用的耕地质量相比差异也较大。

国家经济安全是指一国的国民经济发展和经济实力处于不受威胁的状态。确保粮食安全能为我国国民经济和社会发展提供坚实支撑，是我国抗击风浪、应对经济以及国际上各种风险的"压舱石"和"稳定器"。农地流转看似和经济安全无多大关联度，但是农地流转后的非农化和过度非粮化影响到居民的口粮、工业原料和生态环境等方面。虽然我国粮食产量十年来一直处于稳步增长的状态，但是当前仍然面临优质专用粮食供应不足、专用粉企业进口依赖严重的困境，更需要加强国内粮食高质量发展。如果发生战争或贸易争端，国内生产的粮食供不应求，我国连居民的口粮都面临无法保障的境遇，怎么能实现根基稳固，又怎么能在国际上具有自主性和竞争力？因此，农地流转非农化和过度非粮化风险也会最终影响到整个国家的经济安全。

（三）优化农地流转非农化和过度非粮化风险防范机制

1. 农地流转非农化风险防范机制

对于耕地流转后的"非农"倾向国家法律相关文件是严令禁止的，尤其不允许任何经营主体，特别是工商资本进入农业后圈占耕地进行非农经营。为了防止农地流转非农化现象，政府部门应加强对农地经营者的监管，对于违规变相改变农地用途的加大处罚力度，同时加大对广大农户的法律宣传力度。村级集体经济组织作为发包方，也要切实履行发包方的责任，监督承包方依照承包合同约定的用途合理利用和保护土地，督促农地承包者和经营者不得改变农地的农用性质，制止承包方损害承包地和农业资源的行为，不得对土地造成永久性损害，特别是对以转包、入股、租赁等转出农地的农户而言，虽然流转了农地的经营权，但仍应承担承包方的义务，严格按照承包合同履行承包方的责任。作为转入方，应该严格遵循

《中华人民共和国土地法》《中华人民共和国农村土地承包法》等相关法律法规文件的规定，以及地方政府的相关法规和规划，严禁改变农地性质。转出方和转入方要签订规范的农地流转合同，将不得改变农业用途的条款及违约责任明确写入流转合同，并按照合同严格执行（图6-7）。

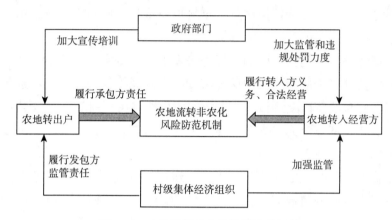

图6-7　农地流转非农化风险防范机制

2. 完善工商资本租赁农地准入、监管和风险防范机制

企业租赁流转模式一般非农化和过度非粮化的风险相对高于其他模式。工商资本的进入，不仅加快了农业的规模化、集约化发展步伐，而且也为农业注入了诸多新理念、新要素。工商企业的逐利性，会产生耕地流转后农地经营非粮化甚至非农化的风险。因此，既要激励工商资本进入经营适合的种养业，又要限制监管工商资本进入农业的门槛，完善工商资本租赁农地准入、监管和风险防范机制。具体如图6-8所示。

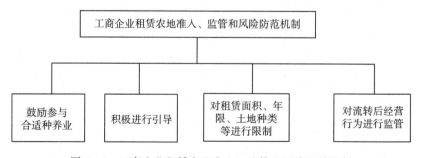

图6-8　工商企业租赁农地准入、监管和风险防范机制

要正确引导工商企业进入农业。通过对河南省近 50 家进入农业的工商企业问卷调查，发现工商资本企业通过农地流转或租赁方式主要从事规模种养业、设施农业和休闲农业三类，同时发现这 50 个工商企业进入农业的动机有不同的类型。对那些与农业有密切联系、为拓展产业链条而进入农业的企业要给予重点鼓励和支持，积极引导它们流转"四荒地"，发展高标准设施农业、良种种苗繁育、规模化养殖等产业，指导并要求这类企业制定科学的发展规划，找准生产经营赢利点。对那些抱有投机心理、套取国家补贴资金的要严格限制。

建立工商企业流转农地风险保障金制度。在粮食主产区以试点方式建立工商企业流转农地风险保障金制度，即在流转农地时缴纳一定比例的风险保证金，保证金纳入专户管理，专款专用，一方面可用作处罚金限制农业流转后擅自改变土地用途，另一方面还可以防止企业因经营不善而"逃跑"后造成农民利益受损。

强化对进入农业的工商企业的监管。在规范工商企业租入农地合同和流转登记备案的基础上，不仅安全监管部门要对流转承包地的用途、农地租金支付方式、资金投入、进度安排等方面进行审计和监管，避免工商企业违规使用财政支农资金，而且要鼓励村集体经济组织对工商资本企业生产经营进行监督，限制他们大面积租赁农地，并代表农民与工商企业建立紧密的利益联结机制，防止企业经营短期化。

3. 农地流转过度非粮化防范机制

对于农地流转非粮化，只要不改变农地性质，也不改变基本农田的耕地性质，政府是允许的，对各个经营主体的决策行为没有严格的限定。但粮食安全是国家的"压舱石"，因此过度非粮化现象也是需要避免的。农地流转种植作物，要在保障国家粮食安全的前提下进行，不能危及国家粮食安全。另外，目前法律还明确规定：不允许流转后的耕地改变用途进行林木种植或开挖鱼塘、畜牧养殖，同时规定设施农业建设严禁占用基本农田，可尽量利用现有存量建设用地和闲置用地。

通过高标准粮田建设确保粮食产能。在高标准粮田区域内，政府部门对耕地按照"田成方、林成网、路相通、渠相连、旱能浇、涝能排"的高标准进行建设，减少粮食规模经营主体对种粮基础设施的资金投入，提高抗风险的能力，提高粮食产能，从而提高粮食规模经营者的效益。科学测算不同地形地貌耕地达到高标准粮田标准的建设重点内容和投资标准，支持粮食规模经营者积极承担或参与政府招标的高标准粮田建设的相关项目。

加大对粮食主产区转移支付和奖补力度，提升地方政府重农抓粮的积极性。地方政府是种植粮食的监管者，为了保障粮食主产区地方政府重农抓粮的积极性，建立稳定增长的财政投入长效机制，对粮食主产区的财政投入要求只增不减，力争粮食主产区人均财力达到全国平均水平。调整奖补品种结构，加大对小麦和水稻等口粮作物的奖补力度，在存量不变的条件下，增量资金向口粮作物倾斜。采用遥感、信息化等技术手段，合理确定各个品种的播种面积和产量，提高奖补政策的精准度。

加大对粮食规模生产者补贴力度。要完善当前实行的耕地地力保护补贴（由原来的良种补贴、种粮农民直接补贴、农业生产资料综合补贴资金合并而成）政策，增强补偿的指向性和精准性，使真正从事粮食生产的规模经营者能够获得合理的补贴额度，提高他们的种粮积极性。当前，不少地方运用耕地地力保护补贴的增量资金成立了农业信贷担保公司，主要承担对从事粮食经营的新型农业经营主体的贷款担保业务，但目前受惠主体的数量很少，下一步迫切需要加大覆盖面。以绿色生态为导向，鼓励粮食规模经营者创新方式方法，综合采取秸秆还田、深松整地、减少化肥农药用量、使用有机肥等措施，加强农业生态资源保护，提升耕地地力。

四、农地流转中的农民权益保障机制

（一）农地流转中的农民权益受损的表现

本研究农地流转中农民的权益是指农民流转农地应该得到的各种合理经济利益，以及依法应该享有的各种权利的总称，主要包含转出农地的农民，同时也包含作为转入方的种养大户等新型农业经营主体的农民，既包括他们的经济利益，也包含他们对农地承包经营权的处置权、知情权，以及流转后应该获得的发展权、就业权等权益。2013年以来，我国开始农村土地确权制度，2014 年以后开展农地所有权、承包权、经营权三权分置制度和城乡统筹社会保障制度等改革，对明确土地产权、促进农地流转、保护农民权益起到了明显的作用。但是，目前农地流转中仍然存在着农民权益受损的现象，主要表现在以下方面。

1. 经济利益受损

在一些地区，由于农地流转市场不完善、流转双方信息不对称、缺乏有效的土地价格评估机构，农地土地租金往往价格偏低，不能体现其真正的价值。这种情况下在流转双方谈判地位不对等，特别是在缺乏有效监管的大型企业租赁流转模式下发生较多，在一些由村集体经济组织的大规模流转中，实际决策的村集体经营组织往往会倾向于迁就投资者的意愿，降低土地租金价格，因而农民难以分享土地增值收益。在由村集体经济组织统一实施的大面积农地流转中，可能会出现基层政府或村集体经济组织对农民流转收益的部分侵占的现象，农民并没有得到全部的应得土地流转租金。另外，农户也可能面临着转入主体租金兑付风险，在转入方经营亏损十分严重的情况下，可能会违反双方合同约定，不兑现租金，从而给转出农户带来经济损失。这种情况在不少地区的企业租赁流转模式中出现，在其他经营模式如转包、入股经营模式中也有发生。

如果转入方是种植大户，或者一般农户，也会出现经济利益受损的现象。当前，受到农业生产资料成本上涨、自然灾害频发、粮食价格相对较低等影响，一些地方的种粮大户或者其他种植大户出现经济效益降低甚至亏损现象。不少地方的流转双方在商定土地流转协议时，耕地地力保护补贴资金基本上都是转账到流转前的原承包户账号上，而多数实际从事种植的大户并没有得到应有的补贴额，而且只有很少部分享受到农业政策性信贷担保政策（用耕地地力保护补贴增量部分资金设立的担保基金），这也是一些地方种植大户退租原因之一。

2. 流转决策权力受限

按照《中华人民共和国农村土地承包法》，具有农地承包权的农户拥有流转农地的权利，《中华人民共和国农村土地承包经营权流转管理办法》也规定："承包方有权依法自主决定承包土地是否流转、流转的对象和方式。任何单位和个人不得强迫或者阻碍承包方依法流转其承包土地。"但在一些地方,政府部门或者村集体组织为了土地能够集中连片流转并达到规模经营的要求,或者仅仅是为了政绩,用行政手段强制调整农户承包地,干涉农民自主安排生产经营,强迫承包方流转农地承包经营权。一些村集体为了追求大面积的土地集中流转,没有与农户充分沟通或协商,就代替农户与企业或者其他经营主体签订流转协议,农户的知情权、参与权受到侵犯。当然,在有些情况下,政府部门或者村集体经济组织推进大面积的规模经营,的确能够方便生产、节约生产成本,提升农业生产效益,但这种情况要充分与每位当事人协商沟通,甚至也可以做些思想动员工作,但最终必须让他们知情并征得同意后才能进行。

3. 发展权益受限

国家经济社会发展的一个重要理念是"共享发展",农地流转及各相关配套政策的制定也应遵循这一理念,让农民获得更多的发展红利,得到更多的发展权益。但在粮食主产区的实践中往往存在一些侵犯农民发展权益的问题。在农村土地确权、"三权分置"政策实施之后,国家鼓励金融机构以农户的土地承包权、经营权或者大型农业机械等设施作为抵押申请贷款,但是在多数地方,银行系统为了风险控制和追求经营效益,因土地承包权、经营权或者大型农业机械等不容易价值评估和处置,多数银行仍不愿意贷款,各地探索成功的模式和经验并不多,并且这些模式和经验的可持续性、示范推广性并不强,事实上对规模经营主体来讲是限制了其发展权益。在一些流转案例中,转入方企业或者其他主体存在着不经转出农户和作为发包方村集体经济组织的同意,擅自改变农地的农用属性,或者在基本农田内发展苗木种植、养殖等项目,改变耕地的属性,实际上侵犯了原承包农户的承包权益。因为他们虽然流转了经营权,但仍具有保护土地性质不能改变的权利和义务。也有的转入主体对农地掠夺式开发,造成耕地质量下降,合同到期后农户复垦或者重新耕作难度加大。在一些地区特别是一些城市近郊区,一些农民在流转出土地后,由于文化程度低,缺乏从事其他产业的劳动技能,也没有受到相应的技能培训,找不到合适的工作岗位,失业问题比较突出。

（二）农地流转中农民权益受损原因剖析

1. 农地的相关权能不清晰

虽然多数粮食主产区已开展了农地确权和"三权分置"，但在各地的实践中，农地所有权、承包权、经营权和政府的行政管辖权经常有交叉。例如，按照《中华人民共和国农村土地承包法》，农地的所有权属于农村集体，有关所有权的处置本应由农村集体决定，但土地所有权与政府行政管辖权的边界比较模糊，政府往往对农村集体所有的土地利用进行干预。以当前一些地区农户的承包合同与土地经营权证为例，农民对自己的承包地拥有两份凭证：一份是农民与村集体经济组织签订的土地承包合同，另一份是县政府颁发的土地经营权证，这两个凭证所涉及的具体内容也不尽相同，存在产生纠纷和冲突的风险。农地的所有权与承包权也存在权属不清的问题，有些地方作为发包方的村集体经济组织常常过多地干预承包方的承包权和经营权。我国《物权法》没有对"农地承包经营权"内涵做明确的界定。农业规模经营主体需要充足的资金支持，虽然国家政策鼓励以土地承包经营权作为抵押进行贷款，但由于具有债权属性的土地经营权受到限制，土地经营者也无法通过抵押土地经营权将资产转化成资金。《物权法》《农村土地承包法》等法律规范的不完善导致相关主体责权在流转中的划分不明晰，交易双方、村集体经济组织、社会中介服务机构等各方的权利行使和义务履行不规范，加之信息不对称以及操作程序不规范，最终使得处于劣势的农民的合法权益受损，同时，当前的法律条文及仲裁规则不够具体、可操作性较低，使得农地流转纠纷调解谈判成本颇高。

2. 农民的法律意识、合约意识不强

根据农户调研，80%的农户对于农地承包权与义务的关系并不十分清楚。农户在农地流转中，对土地转包权、土地出租权相对比较明白，而对土地转让、土地入股和土地抵押的权益知之较少，不少农户对于土地流转的各项土地权益只是片面地了解。转包、出租、入股、信托等农地流转模式，实际上流转的只是农地的经营权，而承包权并没有进行流转，但很多转出方并不十分了解自己作为承包方的权利和义务，如仍然负有保证不能改变农用地性质的权利和义务。另外，农民的合约意识不强，据河南省农

业农村厅提供的资料，2018 年农地流转中还有近 30％的流转土地和近 20％的流转农户没有签订规范的流转合同。特别是在农户自发流转模式中，双方由于比较熟悉，往往并不签订合同。有的虽然签订合同，但是很不规范，一些核心条款，如租金的支付方式、双方的权利和义务、违约责任以及纠纷处理方式并没有十分明确，也有的虽然私下签订合同，但没有按照法律规定在发包方备案。这都易产生纠纷和侵犯农民权益。

3. 农地流转市场发育不完善

当前，大多数情况下，土地流转双方的形成是流转双方私下议定的，也有的主要是通过村集体经济组织与作为转入方的企业议定形成的，由于双方的信息不对称，而作为转入方的企业往往拥有更多的市场信息，农民或者村集体经济组织掌握的信息相对较少，对于所公布的政策信息往往不能及时获知，议价能力低，所以在不少情况下土地租金也较低。另外，作为中介组织之一的政府部门成立的土地流转中心等机构，主要是对本地区的农地流转情况进行登记统计整理，多数情况下并没有参与流转双方的租金价格形成工作，很多情况下服务并不到位。当前，虽然也成立了土地流转网、搜土地、惠农网等土地流转互联网信息服务平台，但根据调研，很少有农户和集体经济组织通过这些平台发布农地流转信息，并且这些平台的功能主要是提供土地需求和供给信息，对双方交易管理、价格形成作用并不大。并且这些互联网平台进入门槛较低，用户注册后即可进入平台发布相关信息，但平台对用户信息真实性所知甚少，无法准确识别进入者身份，有的可能存在欺骗、欺诈等行为。

4. 政府职能定位不准

在农地流转中，政府的职能定位应该是维护农民的合法权益、规范土地流转市场、促进农地流转。在社会主义市场经济条件下，市场在农地流转中起决定性作用，但由于目前农村土地流转市场不完善，需要地方政府充分运用法律、经济以及行政手段来进行指导和监督。而实际上，政府在规范土地流转管理、监督、指导过程中还存在着"缺位"和"越位"的现象。具体表现在地方政府在政策、法律和法规、资金支持上力度不够，对土地流转中介组织引导和扶持较少、土地流转信息交流与传达不到位；地方政府在农村土地流转管理中存在"越位"，可能会强行干预农村土地的流转，违背了法律规定的土地流转的农民自愿原则。

（三）优化农民权益保障机制

如图6-9所示，充分发挥市场配置资源决定性作用和政府指导作用，配套使用市场、法律、行政监督、促进就业等手段，建立并优化农地流转中农民权益保障机制。

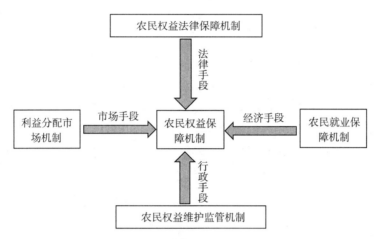

图6-9 农地流转中农民权益保障机制

1. 完善农民权益法律保障机制

对《物权法》《土地管理法》《农村土地承包法》《担保法》等涉及农地制度的法律法规作出相应的修订和调整，明确界定农地所有权、承包权、经营权的权利范围，明确村集体经济组织、承包方、转入方的权利边界。从法律上明确土地承包权为物权性质，在不改变土地用途的前提下，农户享有对土地的自主经营决策权、使用权、收益权和自由处置权，把占有、使用、收益、处分权都还给农民，尊重农民的主体地位，不得以少数服从多数为由强迫农民流转。强化"经营权"的债权性质，使之成为独立的民事权利，只有这样农地经营权才具有明确的财产价值，规模经营者才能以此作为抵押获得金融支持，也可促进农地信托流转方式的发展。利用报纸、电视、互联网、微信群等途径，加强农民的法制宣传和教育，特别是引导督促农民学习《中华人民共和国土地法》《中华人民共和国土地承包法》及相关法律法规，全面了解承包权和经营权的权利和义务。设立农地承包经营纠纷委员会，充分听取农民的合理诉求，对土地纠纷作出合理调节和仲裁。

2. 完善农民权益维护监管机制

加强对工商资本下乡转入农地的监管，在农地流转时对工商企业的经营项目进行严格审批，严禁使用农村土地进行非农建设和侵犯农民权益，在农业生产建设中严禁撂荒行为，若有破坏耕地地力的行为，合同到期可要求经营者恢复土地原貌或土地质量。健全监督机制，加强村集体经济组织和享有承包权的农民对土地流转过程和结果的有效监督，切实保障农民在土地流转中的合法权益。提升农民的合约和履约意识，促进引导流转双方签订书面合同，规范合同条款的内容，明确农地流转的数量、年限、方式、双方的权利和义务，提高合同的规范性，并且所有流转方式必须在发包方备案。防止基层政府、村集体经济组织及转入方在收益分配中占用过多的现象，让农民充分分享土地流转的增值收益。对于村集体收取的土地其他相关费用，应按土地发包净收入的一定比例返还给流转土地的农户。完善村集体经济组织的决策制度，土地流转必须经由全体村民讨论，按民主原则表决通过，才能贯彻执行，并严格执行土地流转程序。探索真正能够体现农民意愿的决策参与机制和具体方法，保障农民的知情权、参与权和决策权，禁止以少数服从多数的名义将整村整组农户承包地大面积集中对外招商经营。

3. 完善利益分配市场机制

完善农地流转市场，使农民能够及时了解到比较充分的市场信息，减少不对称性，形成合理的土地租金价格。如果流转双方都是农户，可以借鉴一些地方的做法，租金可以采取动态调整机制，即双方可以根据市场行情经过协商在3～5年动态商定调整租金，这对部分地区种植大户"退租"现象能起到缓解作用。流转双方也可商定优化对耕地地力保护补贴资金的分配比例，使实际的种植大户能够获得比较合理的补贴资金，国家可对种植大户等加大奖励和补贴力度，支持这些经营主体申报支农项目和参与有偿社会化服务。政府应根据市场情况、流转土地的用途及预期收益，分类制定土地租金指导价格，完善有利于农民的利益分配格局。

4. 完善农民就业保障机制

政府利用引导性政策，拓宽农民的就业渠道。建立城乡统筹的就业制度，结合"阳光工程"等项目，提升外出务工人员的劳动技能，保障外出务工农村劳动力的合法权益和收入。结合新型职业农民的培训，加强农业劳动技能培训，使从事农业生产的农民特别是规模经营主体掌握必备的农业生产技术和现代农业经营能力和理念，更好地适应新形势下就业市场的需求，提升他们应对自然风险的能力。鼓励企业、合作社等参与流转经营，大力促进一二三产业融合发展，优先雇用转出土地的农民在企业务工。

第七章　国内外农地流转经验与启示

西方发达国家及国内发达省份对农地流转和农业规模化经营都进行了积极探索，积累了许多发展经验，为促进粮食主产区农地流转提供了有益的启示。本部分对日本、美国、德国、法国等发达国家的典型做法和我国浙江、广东、福建、贵州等非粮食主产省典型案例进行剖析，归纳其发展规律，从中得出有益的启示，为粮食主产区推动农地流转和农业适度规模经营提供参考借鉴。

一、国外农地流转主要案例

(一) 日本农地银行案例

与我国类似，日本同样受到人多地少的自然禀赋条件制约同时具备小农分散经营特点。为了能够提高土地利用效率与适度规模，日本从 1970 年修改《农业法》时，就已经开始把政策重点放在通过土地租赁来促进土地流转上，并于 2013 年 12 月 13 日颁布了《关于农地中间管理事业的法律》，进一步规范了以租赁形式进行土地流转，通过建立农地中间管理机构（农地银行）及相应的流转机制和流转补贴制度，促进土地向农业经营主体集中，提高农业用地利用效率和集约化程度。日本《关于农地中间管理事业的法律》的立法目的是通过农地中间管理机构（农地银行）促进分散地块的整合利用，并吸引有意愿的人参与农业，弥补农业劳动力人口高龄化的缺陷，提高农业用地利用效率和集约化程度，进而提高农业生产力。农地中间管理机构通过调研先将辖区内有必要进行集约化利用的耕地，以及撂荒地流转进来，再通过集中整治与管理形成适度规模后流转给"农业经营主体"。

从具体运行来看，农地银行的基本职能是对转出方与转入方之间的信息进行匹配，让闲置的土地通过流转整合以帮助希望从事农地经营的专业农户从事农业。农地银行模式可以继续细分为出售型土地信托和租赁型土地信托两种形式，前者是对所有权的转让，后者是对土地经营管理权的转让。在出售型土地信托模式中（图7-1），转出方（土地所有者）与农地银行签订合同，转出方将信托土地交于农地银行，农地银行将信托土地出售后，扣除合同中规定的手续费后再交付给转入方，类似于房地产中二手房交易的模式。在租赁型土地信托模式中（图7-2），转出方与农地银行首先签订合同，转出方将所需信托的土地交于农地银行，由农地银行对信托土地进行经营管理，但农地银行仅有对信托土地经营管理的权利，没有对信托土地直接处分的权利，农地银行在合同期内按照规定，定期支付给委托人应得的信托收益，在土地信托合同执行到期后，信托土地所有权仍然归转出方所有，这类似于房屋租赁系统，由中介代管经营，定期向房东支付收益①。农地银行既可拥有转出方农地经营管理权进行自主经营，也可将经营管理权转出给其他农业从业者获取中介手续费。

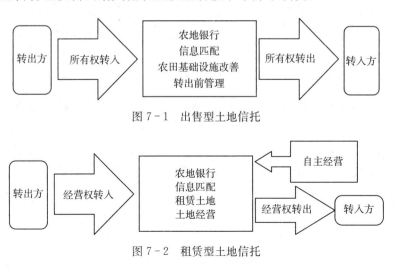

图7-1　出售型土地信托

图7-2　租赁型土地信托

---

① 姜雪莲．日本农地流转信托研究［J］．世界农业，2014（6）．

日本通过发展农地银行以及出台相应的法律和配套制度，促进了农业规模化经营，提升了农业竞争力。经营规模在 50 公顷以上的规模经营主体数量从 2010 年的 1 975 个提升至 2015 年的 2 473 个，已流转的土地占耕地总量的比重超过 30%，户均经营面积增加到 1.77 公顷①，土地撂荒现象明显减少，平均生产成本明显下降，规模经营效益得到提升。

（二）美国土地信托案例

美国从 20 世纪 60 年代就开始关注农地流转问题。由于美国通过建立权利界定明晰的土地产权制度加之应用以市场调节为主的土地流转模式、价格补贴等经济手段，在一定程度上降低了农民转让和交易土地后的负担，其流转主要方式是租佃制，土地所有者或自找使用者出租，或通过中介出租；地租主要有固定地租和分成地租两种，买卖或出租的价格由交易双方协议采取某种方式确定。在流转过程中，大多只涉及土地使用权、经营权的有偿转让，并不会涉及所有权，转让的主体一般由政府与家庭农场主通过签订经济契约来实现，流转的主要目标在于农场规模的扩大、生产要素的优化组合以及先进科技与管理的运用。最终建立了以市场调节为主、政府调节为辅，买卖和出租自由的农地流转制度。美国土地流转程度高，土地纠纷少，重要原因是得益于土地权利界定明晰。

美国中介出租方式中，土地信托流转是比较有代表性的，包括土地保护型信托和社区型土地信托两种模式。如图 7-3 所示，投资人、土地所有者、信托机构及开发公司组成了农地流转的四个主体，投资人可直接通过买卖的方式从土地所有者手中获取出售凭证进行土地流转，也可通过租赁的方式间接从中介信托机构买回凭证并支付固定报酬进行土地流转；而信托机构以捐赠或是信托的方式从土地所有者手中获取土地经营权，并发放凭证集中土地，一方面可交易给投资人，同时也可出租给开发公司获取租金，形成"一机两翼"的双向开发模式，有利于闲置土地的规模化流转、使用与开发②。因此，土地保护型信托模式是基于公共资源保护的目

①　刘启明，李晓晖．关于如何完善土地流转的制度探讨——基于日本农地中间管理制度的分析与启示［J］．中国农业大学学报（社会科学版），2018（2）．

②　姚升．美国、日本土地信托流转模式及启示［J］．世界农业，2015（11）．

的，以公众利益为发展要义的土地信托模式，通过接受捐赠或直接购买的途径，获得尚未被开发的自然生态资源，以此方式实现对土地原生态化的保护。信托组织通常会选择合适的中介机构或规模更大的国家保护组织，将所获经营管理权的土地转让给上述机构[①]。

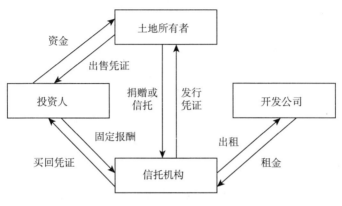

图 7-3　美国土地信托运行机制

目前，美国已经形成了以家庭农场为主导，公司农场、合伙农场为辅的农业发展模式。根据美国农业部《美国农场报告 2014》，美国的农场约有 217.3 万个，其中小型家庭农场占农场总数的 89.7%，平均经营面积达 37.2 公顷；中型家庭农场占农场总数的 5.7%，平均经营面积达 363.4 公顷；大型家庭农场占农场总数的 2%，平均经营面积达 890.3 公顷；剩余 2.6% 为其他家庭农场，平均经营面积 27.5 公顷。

（三）德国发展土地信用合作社案例

在欧盟的共同农业政策框架指导下，德国把农业和农村发展定位在更为广义和重要的位置上，农业和农村发展政策颇具特色。1955 年西德联邦政府就制定了《农业法》，鼓励土地合并经营，在政策上促进了经营规模的扩大，允许土地自由买卖和出租，使原本规模很小、没有生命力的小农场转变为拥有规模较大的"富有生命力的农场"。20 世纪 50 年代中期，政府又实施《土地整治法》，调整零星小块土地，使之集中连片，规模农场数量从

---

①　岑剑. 美国土地信托的制度起源、基本架构及现实思考［J］. 世界农业，2014（8）.

1949 年的 165 万个减少到 2002 年的 50 万个以下。在制定、实施法规的同时，政府还利用信贷、补贴等经济手段来调整土地结构。1965 年政府规定，凡出售土地的农民可获得奖金或贷款，以帮助转向非农产业；凡土地出租超过 12 年的，每公顷租地可获奖金，近年来其土地租佃关系呈上升趋势。

在德国农地流转过程中，土地证券化的方式尤为显著，该方式与美国有类似之处，如图 7-4 所示。首先由政府出资成立土地信用合作社，农民或者农场主将土地通过抵押的方式交付土地信用合作社，之后土地信用合作社再以土地证券的形式通过与社会投资者第三方的交易获取资金后，将相应资金交付农民。同时，农民或者农场主也可以不通过土地信用合作社直接与社会投资者第三方进行交易，同样是以土地证券的方式来进行农地流转①。德国也非常重视农业合作经济组织，早在 1867 年就制定了第一部《合作社法》，后经多次修改完善，其合作经济组织反映了农民的社会经济利益，农民的根本利益得到了保障，可在生产交易活动中减少中间损失，能享受完善的社会化服务，如技术培训、信息咨询等，对促进土地流转和规模经营起着积极的作用。

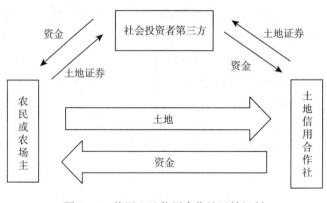

图 7-4　德国土地信用合作社运转机制

（四）法国组建土地整治与农村安置公司案例

法国政府为了促进土地流转，首先将一系列措施放在了农村剩余劳动力

---

①　刘英杰. 德国农业和农村发展政策特点及其启示［J］. 世界农业，2004（2）.

的转移上，即希望通过劳动力的转移促进土地流动以形成规模经营。政府于20世纪60年代设立"调整农业结构行动基金"，70年代初又设立"非退休金补助金"，鼓励到退休年龄的农场主退出土地，年龄在55岁以上的农民一次性发放"离农终身补贴"，让出土地用于扩大农场规模；同时，鼓励部分青年农民到工业、服务业去投资或就业，并给予奖励性赔偿和补助等。

在有了促进农村剩余劳动力大量转移的政策前提下，法国政府设置了完善的市场中介组织。如政府组建了不以赢利为目的、由政府代表实行监督的"土地整治与农村安置公司"，通过中介组织去收购和转卖农地，加速了土地流转和集中；政府还设置了土地事务所和土地银行等相关机构促进土地的有效管理和流转，土地银行购买土地后再租赁给农民，订立长期租约，以刺激投资。法国还出台了规范流转双方权利和义务的法律、法规以及政策，有效减少了流转双方的谈判成本和履约成本，降低了流转的交易费用。同时规定流转的土地一定要用于农业，不准弃耕、劣耕和在耕地上搞建筑，对于弃耕和劣耕者，国家有权征购，提高土地税或让其出租，以保证流转出来的土地高效利用①。

法国政府通过先流转剩余劳动力再组建土地整治和农村安置公司的方式，加之政府积极的政策引导，将分散的、闲置的土地集中起来，以合并、整治、改良等手段和措施对土地进行整理使其达到"标准经营面积"，实现对土地的规模化经营，或者是转卖给其他的经营对象，保障了土地的高效利用。土地整治和农村安置公司在流转过程中充当了政府中介机构的角色，通过对零散土地的合并、规划等整治方式实现了土地资源优化配置，合并小农场，支持中等农场发展，对老年农民发放养老金使他们放弃农业、腾出土地用于扩大农场规模的措施大大地提高了农地流转的速度和规模。

二、国内非粮食主产区农地流转典型案例

（一）广东南海农地股份合作案例

农地股份合作模式诞生于农地较稀缺而非农就业机会较多和社会保障

---

① 吕晖．农地流转制度国际比较研究［J］．世界农业，2017（9）．

水平较高的经济发达地区，主要特征是农民拥有的承包经营权不再与具体的地块相联系，而是将农地经营权作为财产权折算为永久性的股权，由合作经济组织对整合农地实行统一的规划、开发和利用，发展适度规模经营。在整个设计上农地的实物形态与价值形态相分离，农民所获得的股权不会发生根本性变化，同时按股份比例进行收益分配和分红。这种模式起始于 20 世纪 80 年代中期处于改革开放前沿的珠三角地区，广东佛山市南海区是这种模式的典型代表。

早在 20 世纪 90 年代南海区率先在全国推行农地股份合作制，将土地划分为"三区"，包括农田保护区、经济发展区和群众商住区，以村委会或村民小组为单位，将集体财产、农民承包权折成股份，集中起来组建股份合作社，农民参与资产收益分配。村集体在土地上"种房子"获得收益，农民则依据股份享受分红。这种做法被称为"南海模式"，并迅速风靡广东珠三角地区，佛山、广州、深圳等地的农村地区相继实行了土地股份制。2010 年南海又开始探索以户为单位进行"股权固化"改革试点。在股权固化之前，各试点地区首先对农村集体经济资产产权和集体经济组织的成员身份进行了"两确权"。然后，再按照村民年龄分发股份份额，份额一旦确定以后永不改变[①]。

南海土地股份制改革的制度创新，加快了区域工业化、城市化进程，也让"南海模式"闻名全国，村民则凭股权分享土地非农化的增值收益，鼓了钱袋子，南海村级集体经济随之得到壮大，同时也培养了一批农民专业合作社等新型农业经营主体。

（二）北京平谷农地委托流转案例

早在 2012 年 10 月，北京市平谷区委、区政府制定农村土地流转委托经营实施方案，探索政府主导、市场运作、企业化经营的农地委托经营新模式。平谷的农村土地委托流转的基本思路是：组建成立土地流转服务中心和农地流转管理服务公司，由前者收集各乡镇范围内有流转意向的土

---

① 赵鲲，李伟伟. 土地股份合作、股权逐步固化：高度城镇化地区完善承包经营制度的有益探索——广东佛山农村土地股份合作调查与分析 [J]. 农村经营管理，2016（9）.

地，并组织条件成熟的土地委托人与农地管理服务公司签订农地委托经营合同，由其将农地调整成片，进行适度整理、开发，提升地力，再由农地流转管理服务公司与北京农交所签订服务协议，将调整好的土地上市交易。农业企业通过产权交易市场获得土地后，开展农业生产经营，并按合同约定定期向农地流转管理服务公司支付土地租金。农地流转管理服务公司在扣除整理、开发土地直接成本、交易服务费和风险准备金后（风险准备金主要用于土地租金不能支付或延期支付的周转、垫付），将剩余溢价收益定期支付给土地委托人。

平谷区农地委托流转的具体操作步骤是：①委托意向征集。农地流转服务中心通过调研，了解各乡镇范围内农地经营权人的委托流转意愿，并进行委托意向登记。②签订委托合同。农地流转服务中心组织具有土地整理和集中连片经营基础、进行意向登记的委托人与农地经营公司签订农地委托经营合同，约定委托事项、委托农地面积、委托期限、基本租金等事项，基本租金价格由双方协商确定，并建立调整机制。农地经营公司向委托人支付农地基本租金，获得农地经营权。③农地调整。农地经营公司对获得农地经营权的农地调整成片，进行适度整理、开发，提升地力。④发布流转信息。农交所与农地经营公司签订服务协议，农地经营公司作为出让方，由农交所发布项目信息，组织交易、成交签约和出具交易鉴证。⑤收取租金。成交后，农地经营公司与受让方签订土地租赁合同，受让方向农地经营公司按合同约定定期支付土地租金。⑥支付溢价收益。农地经营公司收到受让方支付的土地租金后，在扣除整理、开发土地直接成本，交易服务费和风险准备金后，将剩余溢价收益定期支付给委托人[①]。

平谷区通过多年的委托流转实践，取得了比较明显的效果。已经形成了比较完善的委托流转机制，保证流转合同、程序的规范化，改变单一农户在流转中的程序、合同随意化及相关权责不明确等问题，有利于保障农户的合法权益，提升了农户的收益水平，减少农地流转的交易成本，实现当地农业规模化、专业化和现代化发展，大大减少了流转中的

---

① 罗丽，桂琳，何忠伟. 北京市集体林地委托流转制度分析——以平谷区为例 [J]. 北京农学院学报，2014（2）.

利益纠纷事件。

（三）浙江德清农村土地流转案例

德清县属浙江省湖州市，位于长江三角洲杭嘉湖平原西部。全县辖 5 个街道、8 个镇。2019 年户籍人口 44 万人，常住人口 65 万人。德清土地流转主要途径是转让、转包、互换、入股等几种方式，其中转让、转包方式所占比例最大，入股方式所占比例最小。转让、转包是村民将耕地经营权转让出去，让人代耕或转包给一些经营大户。土地互换是村民之间自发兴起，方便各自耕种土地的流转方式。入股方式又称"股票田"，由村经济合作社将土地登记在册，然后进行公开招标，与中标人签订为期 3 年的租赁合同，租金扣掉电力水利等费用后分给村民。

德清县土地流转主要是通过村集体组织和政府组织，占 59.41%，通过自发进行土地流转的农户相对较少，农户进行土地流转的对象也主要是村集体或合作社。在被问及要推进农村土地流转需要做什么时，近 1/3 的受访农户表示需要政府的组织，其次是成功样板和成立交易市场[①]，可见政府和村集体在农村土地流转过程中发挥了重要作用。

德清县土地流转促进了农业规模化经营，如武康镇五四村近 2 000 亩的土地被 7 个经营大户承包，优化了种植结构，提高了经营效益，也促进了农村劳动力的转移，让大批农业劳动力从农业转向第二、三产业，农民不仅获得了比较稳定的土地租金，还能安心从事第二、三产业，获得比原来更高的收入，2019 年全县农村居民人均可支配收入提高到 36 013 元。

（四）贵州黎平县返租倒包案例

返租倒包就是集体以一定代价把原由农户家庭承包的土地从农户手中承租过来，对承租土地进行统一规划，并建设水、电、路等农田基础设施，然后再切块倒包给农户耕种。集体与农户之间签订土地倒包合同，明确双方承担的义务。从流转后的经营主体和双方的权利义务来看，这种模

---

① 章春媚，张惠薪，郑志强，等. 浙江农村土地流转行为典型模式和案例调研分析 [J]. 绿色环保建材，2017（3）.

式可看做是转包的特殊形式，在这种模式中更多地发挥了村集体经济组织的作用。本研究选取贵州黎平县中潮镇中潮村案例进行分析。

中潮村位于贵州省黎平县东南部，面积约 13.01 平方千米，距县城23 千米，为镇政府和黎平经济开发区所在地，耕地面积 2 064.28 亩，共15 个村民小组，6 个自然寨，总户数 979 户，人口 3 288 人。2016 年，吴长霖当选为黎平县中潮镇中潮村党总支书记后，开始探索反租"倒包"农地流转模式。中潮村成立合作社，整合村级零散资源，集中流转农户土地600 余亩，合作社将承包到农民手中的土地通过租赁形式集中到集体（称为返租），统一规划布局，并通过土地治理，统一搭建大棚，修建观光娱乐设施、停车场和门面，盘活村里闲置土地。在农户掌握生产管理技术之前，大棚由合作社统一管理经营，合作社优先聘请农户参与到大棚的管理和蔬菜水果的种植中来，除支付劳务工资外，还特派专业技术人员传授种植技术和管理知识，为"倒包"打下技术基础。农户掌握生产管理技术后，合作社把基地"倒包"给农户，每户贫困户承包 5 个大棚，专门种植经济价值更高的蔬菜、水果，提高土地的产出率和经济效益。同时与合作社签订保底收购协议，确保农户基本利益不受损，平均每年可使贫困户增收 2 万多元[①]。

中潮村通过返租倒包流转模式，在扶持贫困人口脱贫致富方面起到了比较突出的作用，增加了农民收入，提升了农业规模化发展水平，提升了农业产业的质量和效益。合作社股东 116 户（包含原贫困户 76 户），股金已达 90 多万元，建有基地 2 个，规模达 600 多亩，为村合作社分红达 20余万元。

三、启示

（一）农地流转模式要与经济社会发展条件相适应

从上述案例看出，美国、日本、德国等发达国家大多都推行了土地信

---

① 参见周志光. 返租倒包：开辟产业革命"新天地"——黎平县中潮镇中潮村利益联结案例解读［OL］. http://ex.cssn.cn/dzyx/dzyx_mtgz/201810/t20181009_4666598_1.shtml.

托、农地信用合作社等比较高级的发展模式，这与这些国家的土地证券化程度比较高、金融条件比较完善、市场化程度比较高有密切关系。在我国北京、广东、浙江等发达省份的农地流转规模经营实践中，股份合作、土地信托（平谷委托流转也有土地信托流转的性质）等方式比较常见。当前，多数粮食主产区农地流转还是以转包、出租等模式为主，入股等比较高级的流转模式比较少，而土地信托等流转模式更是鲜有出现。然而，随着粮食主产区经济发展水平、市场化程度、金融条件等的改善提升，在不少地区土地入股发展模式的可推广性将会大大增加，土地信托、农地银行等发展模式在未来农业发展中也会具有一定的推广前景。学习并总结发达国家、发达省份比较超前的流转经验和教训，无疑有重要的现实意义。

（二）完善的法律法规体系是促进农地流转的前提条件

完备的法律制度是顺利推进农地流转的前提条件。从发达国家的实践来看，美国、德国、日本等非常重视农地相关法律的构建与完善，均有专门的法律法规对土地流转进行规范，如英国的《农业法》、日本的《农用地利用增进法》《农业改良促进法》等，并结合农业现实的变化适时对法律作出调整。虽然我国开展了农村土地所有权、承包权和经营权三权分置制度改革，基本完成了土地确权工作，但是农地相关法规仍有诸多需要完善之处。如现行《物权法》《担保法》《农村土地承包法》需要进一步明确农村土地承包经营权的抵押、担保权能，对农地金融参与主体的权利与义务进行详细的规定，做到有法可依，有据可循。

（三）政府的管理、引导等作用不可或缺

综合分析发达国家和发达省份农地流转的案例，可以看出，不管是在宏观层面上的政策制定，还是在具体实施过程中，政府都起到了十分重要的管理、监督、引导等作用。离开政府部门的指导，农民的权益保障将会成为空话，非农化、非粮化等现象将会明显加重。粮食主产区促进土地流转的过程中，政府也应充分发挥积极主导作用。遵循市场规律，政府工作要做到"不缺位"、在管理过程中"不越位"。在必要情况下，政府需要对农地流转规模经营酌情给予相应财政补贴。

（四）村集体经济组织的组织协调作用至关重要

在我国农村土地家庭经营责任制制度框架下，村集体经济组织作为农地发包方和所有者，承担监督流转双方按照法律规定从事农业生产、不得改变农业用途、不得弃耕撂荒等义务。同时，从上述国内的农地流转案例中可以看出，村集体经济组织在农地流转中还起到了降低流转双方信息不对称、降低交易成本、组织协调、保障双方权益等作用。在贵州黎平县中潮村的案例中，村集体经济组织更是起到了核心组织和主导作用。这一点在粮食主产区不少农地流转案例中也十分明显，有些地方还出现村集体经济组织的整村流转现象。如何更好地发挥村集体经济组织的作用是需要进一步探讨的课题。

（五）中介组织也是促进农地流转的重要动力

为了使土地使用权能够更顺畅地流转，中介组织必不可少。中介组织可以降低土地流转过程中的制度博弈和福利成本，为供需双方牵线搭桥，提供法律政策宣传、流转咨询、合同签订指导、利益关系纠纷调处等服务，这在上述案例中均有所体现。在北京平谷土地委托流转案例中，土地流转服务中心和农地流转管理服务公司起到了至关重要的作用。在多数粮食主产区，由于谈判费用高，新型农业经营主体一般都愿意与中介机构打交道，他们希望中介机构集中农户的土地，然后再将其推入农地租赁市场。如何进一步发挥、规范各类中介组织的作用需进一步探索。

第八章　完善粮食主产区农地流转的政策建议

新时代促进农地流转的总体思路是，以党和国家的相关文件、规划为指导，紧抓新时代农业和农村发展的新趋势、新问题和新任务，以提升农民收入水平、提高农业综合效益为目标，保护耕地和粮食安全，健全金融支撑机制、信息化支撑机制和农民权益保障机制，防范非农化和过度非粮化，因地制宜地选择适当模式，促进农地健康、有序、适度流转，实现农业高质量发展，为实施乡村振兴战略奠定产业基础。

一、确保粮食安全，防止非农化和过度非粮化

确保国家粮食安全，把中国人的饭碗牢牢端在自己手中，这是新时代粮食主产区的使命担当。因此，在农地流转中，粮食主产区要把保护耕地、确保粮食安全作为重要原则，严禁农地非农化，并且在种植业结构调整中，防止出现过度非粮化。发包方、流转双方要签订规范的发包合同和农地流转合同，将不得改变耕地农业用途的条款及违约责任明确写入合同，各方都应按照合同严格执行。政府部门要加大监管力度，对改变农用地性质、破坏耕地地力或者抛荒撂荒的行为给予严厉处罚。特别是要加大工商企业流转农地的监管力度，限制监管工商资本进入农业的门槛，对流转承包地的用途、流转面积、流转年限等作出严格规定。为避免农地流转过度非粮化，鼓励种粮大户、合作社及农业企业等粮食生产经营者优先流转土地，支持他们种植优质专用粮食品种，采用新技术，支持粮食规模经营者积极承担或参与政府招标的高标准粮田建设的相关项

目，在保证粮食安全的前提下提高生产效益。政府部门应改善农田基础设施建设，增大对粮食规模生产者的补贴和奖励力度，提高规模经营者的种粮积极性。

二、以效益为导向，推进农地适度流转和规模经营

规模经济理论表明，任何一种产业的生产都存在着适度规模，在适度规模范围内，经济效益达到最优值，在此之下经济效益随着规模的增加而增加，超过这个范围，边际经济效益变为负值，总经济效益反而下降。农业耕地也是如此，在其他条件相对固定的情况下，经营主体耕地超过适度规模，由于劳动力和其他要素的缺乏，经济效益必然下降。因此，农地流转规模并不是越大越好，应该以经济效益为导向，适度流转。

要因地因业制宜，根据各地自然禀赋条件、比较优势，以及不同的产业选择合适的经营规模。对一个地区来说，农地流转的总体水平应与当地农业劳动力状况、二三产业发展水平、农业科技和机械化水平相协调，要兼顾效率与公平、发展与稳定，在农地流转的同时，保证当地劳动力的就业和社会稳定。对规模经营者来说，不同地区、不同产业、不同的新型农业经营主体适度经营规模不同，不同的种植模式、地形地貌、水利设施、物流交通、市场信息等自然和社会条件也会影响适度规模经营水平，但条件基本一致的情况下，适度经营规模也有相对稳定的规模水平。对于具备不同条件的农业生产主体，应根据自己耕作的生产经验和劳动力等资源情况，以提升经济效益为目标，确定适合自己生产能力的经营规模。根据课题组测算，对华北地区的小麦—玉米种植模式来说，较小的农户经营者适宜规模为 55～70 亩，农业机械配套齐全、固定投资较多的农户经营者适宜规模为 1 000～1 500 亩。

三、因地因时制宜，选择适当农地流转模式

粮食主产区不同地区自然条件、经济社会发展环境差异较大，因此任何流转模式都不是万能的，都有一定的适用范围。因此，选择农地流转模

式时要因地制宜，根据当地的经济发展环境、自然条件及资源禀赋，决不能一刀切。选择农地流转模式，也应有发展眼光，有些模式可能在短期内还不易大范围推广，但随着经济社会条件的改善，信息技术、法律水平等完善提高，在未来具有可推广性。

农户自发流转模式比较适合在传统农业区和经济社会发展较为落后的地区，流转双方十分熟悉的情况下。这种模式交易成本比较低，有一定的合理性，随着市场经济的进一步发展，这种模式需要进一步压缩和规范。种植大户、家庭农场转包模式适合粮食主产区的多数地区，特别是在流转双方信息比较透明的情况下，能够减少交易成本，下一步发展方向是要进一步规范合同管理，优化转出、转入方的利益协调机制，特别是优化耕地地力保护等补贴的分配机制等。农业企业租赁模式适合加工业比较发达或者与大型农产品加工企业有紧密联系的粮食主产区，未来需要进一步加强监管，防止非农化和过度非粮化现象的产生。农民专业合作社入股流转模式在粮食主产区较少，但随着经济社会条件的改善和农民合作意识的增强，尤其是随着集体经济的发展，这种模式将在这些地区具有较强的可推广性。土地信托模式在粮食主产区也较少，但随着经济社会条件的改善，尤其是随着农村金融、土地市场和农业信息化程度的提升，未来3～5年内，这种模式将在经济比较发达、特色产业比较突出的粮食主产区具有较强的可推广性。

另外，不能忽略在许多粮食主产区小农户还占多数的事实，这些小农户由于种种原因，并不愿意转让土地经营权。因此，要出台多种措施，实现小农户与现代农业的有效对接。特别是要采取政策扶持、典型引领、项目推动等措施，大力推广"土地托管""联耕联种""农业共营制"等农业生产托管形式，在经营权没有流转的同时，将部分或者全部生产环节的任务有偿托管给社会化服务组织，从广义上来理解，这也是农业适度规模经营的一种模式。

四、优化顶层设计，创新农地流转支撑机制

推动农户农地流转是一项系统工程，涉及一般农户、新型农业经营主

体、中介组织、政府部门等利益相关者，涉及财政、金融、科技等各类政策，因此，需要在基层调研和深入研究的基础上，优化顶层设计，创新农地流转的支撑机制。

优化农地流转的金融创新机制。在顶层设计上应该构造以政策性金融、商业性金融、合作性金融为主体，民间金融、互联网金融为补充的金融组织体系，打造比较完备的农业生产保险支持体系，创造比较健全的金融生态环境支持体系。各金融机构在发挥各自支持作用的同时，相互之间应形成协同配合的机制，达到共同促进农村土地流转和规模经营的目的。构建风险补偿机制，通过为农户提供适当的保费补贴，动员和引导农户参加农业保险，为参保农户在大灾之年提供生产自救资金和再生产资金。组建由相关领域的专家组成的评估团队开展农地价值的评估，促进银行贷款机构与担保机构的合作，优化农村土地经营权抵押贷款制度，探索农地抵押、担保方式。

优化农地流转的信息化支撑机制。进一步拓展、完善农地流转互联网平台的功能，促使其主要由发布需求信息的单一功能向能进行流转交易等综合功能转变，提升自身的核心竞争力。建立农地流转互联网平台与金融机构合作机制，完善政府对农地流转互联网平台的支持和监督机制，构建贷款户、金融机构、土地流转互联网平台企业三方合作共赢的运作机制。提升政府部门农地流转服务中心的管理信息化水平。整合政府部门的农村土地承包经营权流转服务中心等各类农村产权流转交易机构的职能，建设农村综合产权交易中心，把土地经营权流转交易统一纳入其交易范围，发挥其在政策宣传、信息咨询、价格评估、经营权抵押等方面的作用。

优化农民权益保障机制。充分尊重农户的意愿，农地是否流转、流转方式、流转价格、流转期限、流转对象，都应该由农户自己做主，政府和村集体经济组织可以引导、建议，但不要在违背农户意愿的情况下，强迫农户进行流转。配套使用市场手段、法律手段、行政监督手段、促进就业等手段，建立并优化农地流转中农民权益保障机制。明确界定农地所有权、承包权、经营权的权利范围，明确村级集体经济组织、承包方、转入经营方的权利边界，特别是要强化"经营权"的债权性质，使之成为独立的民事权利，只有这样农地经营权才具有明确的财产价值，规模经营者才能以此作为抵押获得金融支持。加强对工商资本下乡的监管，在农地流转时需对工商企业的经营项目进行严格审批，严禁使用农村土地进行非农建设和侵犯农民权益。要建立农村土地纠纷调解机制，建立农业承包仲裁委员会，委员会成员要深入基层进行细致的调查研究，对纠纷案件进行认真复核审查，依照相关法律法规进行处理。完善对耕地地力保护补贴资金的分配，使实际的种植大户能够获得比较合理的补贴资金，国家可对种植大户等加大奖励和补贴力度，支持这些经营主体申报支农项目和有偿社会化服务。

充分发挥村集体经济组织等中介组织的作用。从实践上来看，村集体经济组织在大规模流转中都起到了中介作用，特别是通过统一与农业企业、种养大户等洽谈并组织签订合同，可以节约农户与转入方的协商对接等交易成本，也起到了一定的组织和管理作用，成效比较明显。在农户之间自发的土地流转模式中，如果村集体经济组织能给以正确引导规范，按规定签订规范合同，能够减少经济纠纷，提高流转效益和效率。但是，当前建立起来的一些农村土地流转中介组织管理水平较低、运营机制不完善、服务不规范。政府应对其加强管理、指导和监督，对其服务范围、经营权限、内部组织、运营机制等做出必要的规定。鼓励和支持这些中介服务组织参照和引入现代企业经营理念和管理方式，将其办成产权清晰、政企分开、权责明确、管理科学的中介组织。

五、借鉴他山之玉，结合实际制定发展策略

发达国家对农业土地流转和规模化经营已有不少成功的实践。美国、法国、英国、德国等发达国家农业发达，均有专门的法律法规对土地流转进行规范，如英国的《农业法》，日本的《农用地利用增进法》等，这些国家的经验表明，健全的法律制度是土地流转的重要保障。美国的法律明确农场主在合法范围内对于土地享有私有产权，使美国农场主在土地流转的过程中权利得到保障，降低了交易成本，大大提升了土地流转和规模经营水平。法国政府通过首先流转剩余劳动力，再组建土地整治和农村安置公司的方式，有效地将分散的、闲置的土地集中起来，实现对土地的规模

化经营或者是转卖给其他的经营对象，保障了土地的高效利用。英国政府对于被兼并的小农场实施了补偿金制度和终身年金制度，消除了失地农场主的后顾之忧。美国和日本的土地信托做得很成功，如美国采取基于公共资源保护目的的土地保护型信托和以保护中低收入家庭为服务对象社区型土地信托两种模式，日本的出售型土地信托和租赁型土地信托，成效都比较显著。德国大力推进土地信用合作社流转模式，在德国农地流转过程中，其土地证券化的方式尤为显著，由政府出资成立土地信用合作社，农民或者农场主将土地通过抵押的方式交付于土地信用合作社，土地信用合作社再以土地证券的形式通过与社会投资者的交易获取资金后，将相应资金交付农民；农民或者农场主也可直接与社会投资者第三方进行交易，同样以土地证券的方式来进行农地流转。

发达国家的经验有其共性，如加大政府的支持力度、完善相应的法律体系、在市场条件成熟的地区大力发展土地信托和土地证券化，都是比较成功的做法，反映了农业和农村发展的共性规律，这些共性经验对我国粮食主产区促进农地流转、发展现代农业都具有好的启发和借鉴意义。

六、实施配套措施，创造有利的经济发展环境

拓展粮食主产区农业多功能性，可以促进农业农村三产融合发展，提高农业的比较效益，提升新型农业经营主体对土地流转规模经营的需求。在粮食主产区的城市近郊区，以大田作物、优势特色作物为基础产业，大力发展观光农业、体验农业、设施农业、创意农业，大力发展田园综合体和特色小镇。鼓励有资金、懂技术、善经营的种植大户、农业企业、农民专业合作社等农业经营主体投资高效农业，连片开发农户流转的土地。

大力发展村级集体经济。对村级的"四荒地"，采取村集体经济组织直营、承包、租赁、参股、税收分成、资产置换等方式，提高村集体资产利用率。有条件的地方，通过成立土地股份合作社，按照入社自愿、退社自由、利益共享、风险共担的原则，鼓励和引导农户以土地承包经营权折股入社，同时可以采取返租倒包等形式，将流转到合作社的农地再次流转给种植大户、家庭农场等新型农业经营主体。鼓励有条件的村集体经济组

织与有实力的农业企业发展混合所有制经济，采取入股、联合承担建设项目等方式，不断探索和丰富村集体经济实现形式。

加大财政支持力度。加大对耕地地力保护补贴资金的分配，使实际的种植大户能够获得比较合理的补贴资金，国家可对种植大户等加大奖励和补贴力度，支持这些经营主体申报支农项目和有偿社会化服务。另外，对参与农地流转、起到突出作用的互联网企业、金融机构、担保公司、中介组织，可从审批程序、资金补贴等方面给予支持。

加大对农民的培训力度，提升农民就业能力和盈利能力。通过加大对转出农地农民的培训，提升他们外出务工劳动技能，使其能够在二三产业中找到稳定、收入较高的工作。加大对新型农业经营主体的培训，将长期从事农业生产、有一定产业规模、文化素质较高的专业大户、家庭农场主、农民合作社骨干等作为重点教育培训对象，培训必备的农业生产技术和现代农业经营能力，更好地适应新形势下就业的需求，提升他们应对自然风险的能力。

附件一：2018年"粮食主产区农地流转模式比较和机制创新研究"项目农户调查问卷

市	县	乡/镇	村	组

您好，开展此项调查仅为学术研究，有关信息会为您保密，谢谢您的配合！

受访者姓名：_____ 　　　　电话_____

调查时间：_____年___月___日　　　调查员：_____

A　家庭基本情况（本问卷中所说户主，是指家庭中农业生产经营的决策者）

A1　家庭基本情况

序号		问题区		答案区
1		户主性别	男＝1，女＝0	
2		户主年龄	周岁	
3		户主受教育程度	1＝文盲；2＝小学；3＝初中；4＝高中（含中专）；5＝大专；6＝本科及以上	
4	合计	家庭人口数		
	（1）	其中：16岁以下人数	人	
	（2）	16～60岁人数	人	
	（3）	60岁以上人数	人	
5		家庭劳动力个数	人	
	（1）	农业劳动力个数	人	
	（2）	60～70岁之间仍从事农业生产人数	人	
	（3）	外出务工人数（外出6个月以上）	人	
	（4）	外出务工但农忙时回家人数	人	
6			人均耕地面积	亩/人

（续）

序号		问题区		答案区
7	合计	家庭年纯收入	元	
	（1）	农业生产年纯收入	元	
	（2）	外出务工年收入	元	
	（3）	其他收入（如其他经营或财产性收入等）	元	
8		区域特征	1＝粮食生产核心区 2＝城市近郊区 3＝丘陵山区	
9	（1）	您家是否拥有大中型农业机械	是＝1，否＝0	
	（2）	您家拥有农业机械种类（可多选）	1＝小型拖拉机 2＝收割机 3＝大型植保机械 4＝大中型拖拉机	
10		农户类型	1＝一般农户 2＝种养大户 3＝家庭农场 4＝专业合作社负责人 5＝种植企业负责人	

A2 新型农业经营主体情况（如果您家是家庭农场、种养大户、合作社负责人等新型农业经营主体，请填写本部分内容）。

序号		问题区		答案区
11	（1）	名称		
	（2）	建立时间		
	（3）	经营项目		
	（4）	主要资金来源？	1＝注册资金_____万元 2＝自筹资金投入_____万元 3＝银行或信用社贷款_____万元 4＝政府财政扶持_____万元 5＝其他，如_____，投资_____万元	
	（5） 若为 合作社， 需填写	a. 合作社社员	户数	
		b. 合作社为社员提供的服务内容（可多选）	1＝种子、农药、化肥等生产资料供应； 2＝信息、技术服务；3＝农机作业服务； 4＝优质小麦单收单储；5＝统一农产品品牌；6＝解决资金困难；7＝教育培训； 8＝统一品种及生产质量标准；9＝其他	

（续）

序号		问题区		答案区
11	(6)	为普通农户提供哪些服务？（可多选）	1＝种子、农药、化肥等生产资料供应；2＝信息、技术服务；3＝农机作业服务；4＝优质小麦单收单储；5＝统一农产品品牌；6＝解决资金困难；7＝教育培训；8＝统一品种及生产质量标准；9＝其他	
	(7)	经营主体拥有的固定资产有哪些？	包括大型农用机械、烘干设备、仓储用房	
	(8)	发展中遇到的主要障碍（可多选）	1＝难以获取贷款；2＝周围农户参与积极性不高；3＝国家支持不够；4＝其他	
	(9)	您目前的组织经营方式好处体现在	1＝单产增加；2＝成本降低；3＝抗风险能力增强；4＝农业生产技术水平提高；5＝其他	
	(10)	最希望得到政府的扶持是	1＝资金；2＝技术服务；3＝人员培训；4＝政策性农业保险；5＝其他	
	(11)	你对现在的经营运行方式是否满意？	1＝很满意；2＝比较满意；3＝一般；4＝不满意；5＝很不满意	
	(12)	若不满意，主要体现在哪些方面？	1＝仍是各自经营，合作少；2＝较难实现单种单收单储；3＝难以调动普通农户的生产积极性；4＝应对市场的能力不强；5＝引入人才比较困难；6＝其他_____	

B 农地（耕地）流转情况

B1 经营耕地面积

合计		自有		转入		转出	
地块（块）	面积（亩）	地块（块）	面积（亩）	地块（块）	面积（亩）	地块（块）	面积（亩）

B2 2017 年各种作物种植面积（其中小麦填写 2017—2018 年度数据，其他作物填写 2017 年数据）

总种植面积（亩）	小麦	玉米	大豆	其他粮食	花生	其他经济作物

B3 土地流转情况

序号		问题区		答案区
流转基本情况	(1)	土地流转方式	1＝代耕；2＝土地托管；3＝转让或转包；4＝租赁；5＝入股；6＝其他	
	(2)	签订协议情况	1＝书面正式合同；2＝非正式合同；3＝口头约定	
	(3)	转租合同期限	年	
	(4)	年租金（或分红）	元/亩	
	(5)	谁组织土地流转	1＝上级政府；2＝村集体；3＝小组；4＝个人私下协商；5＝其他	
	(6)	流转双方发生纠纷次数	人次	
	(7)	处理流转纠纷采取的方法	1＝直接协商；2＝找村干部；3＝第三方调解；4＝仲裁；5＝上访；6＝起诉；7＝找新闻媒介；8＝其他（请注明）	
	(8)	土地流转后是否出现非农化现象	否＝0，是＝1	
	(9)	土地流转后粮食种植面积变化情况	1＝明显减少；2＝不变；3＝明显增加	
转出农户情况	(10)	主要转给哪些经营主体	1＝一般农户；2＝种养大户或家庭农场；3＝合作社；4＝龙头企业	
	(11)	您家流转前家庭年纯收入	元	
	(12)	您家流转后年纯收入	元	
	(13)	土地流转信息获取来源	1＝通过村民沟通获取；2＝村委会；3＝乡镇；4＝县土地流转平台；5＝互联网；6＝企业或合作社	
	(14)	您家土地转出的主要原因是什么？（可多选，按重要性填写）	1＝自家劳动力不足；2＝外出打工经商；3＝觉得种地不划算；4＝其他	

（续）

序号		问题区		答案区
转入主体情况	（15）	转入土地的来源	1＝本村农户；2＝本村集体；3＝外村农户；4＝外村集体	
	（16）	正常年份纯利润	元	
	（17）	有无出现转入土地提前被转出方收回的情况	0＝无　1＝有	
	（18）	近年来是否存在着效益明显下降而提前退还耕地现象	0＝无　1＝有	
	（19）	政府对你家转入土地有无奖励？	无＝0，有＝1	
	（20）	若有奖励，每亩奖励多少钱？（注明奖励条件）	元/年	
	（21）	您是否从银行或其他金融机构取得贷款	0＝无　1＝有	
	（22）	若您从银行或金融机构取得贷款，主要担保物是	1＝承包和流转的土地；2＝大型农业机械；3＝担保公司担保；4＝宅基地；5＝其他资产	
	（23）	您家是否购买农业生产保险	0＝无　1＝有	
	（24）	您认为在农地流转过程中存在着哪些突出问题		
	（25）	您对农地流转有哪些好的意见和建议		

附件二：延津县农村土地流转调研报告

延津县隶属河南省新乡市，地处豫北平原、中原城市群核心腹地，总面积 886 平方千米，地处豫北黄河故道冲积平原，因其形成的上沙下黏"蒙金"土壤有助于保苗保肥以及形成更多的蛋白质，故延津县是我国强筋小麦的黄金走廊核心区，有着"小麦第一县"的美誉。延津县种植优质强筋麦已有 18 年历史，种植面积从最初的 8 000 亩发展到现在的 50 万亩，经过十几年的探索，"延津小麦"已获地理标志商标，"金粒"成为国家级名牌农产品，延津县成为全国优质小麦产业化示范县、全国小麦全产业链产销衔接试点县、国家农业产业化示范基地、全国优质强筋小麦品牌创建示范区和全省小麦供给侧结构性改革试点县。近年来，延津县按照省、市和县委县政府区域化布局，规模化生产，产业化经营，社会化服务和做大规模、做优品质、做强品牌的现代农业发展要求，坚持把推进土地流转，实现主导产业规模经营作为推进"三农"工作和推进新型城镇化建设的思路及有力抓手，创新机制，积极借鉴，试点先行，严格程序，强化监管，采用灵活多样的形式，大力开展土地流转工作，取得了较为明显成效。调查分析延津县农地流转和适度规模经营的主要做法、经验和问题，对促进粮食主产区适度规模经营有比较强的借鉴意义。因此，课题组在 2019 年 4 月 10 日至 12 日到延津县，采用与涉农部门座谈、专访典型合作社和农户的方式进行调研，现将情况总结如下。

一、土地流转现状

一是土地流转面积不断增加。截止到 2018 年底，全县土地流转面积已达到 34.58 万亩。占全县土地总面积的 35%。二是土地流转用途广泛。全县除小规模流转的土地用于粮油作物生产外，还多用于蔬菜、养殖、林业生产，用途涉及农、林、牧、副、渔各业。三是土地流转与农业龙头企业和农民专业合作社发展相结合。农民与当地农业龙头企业进行土地流转已成为主要的形式之一，另外农民以土地承包经营权作为股权，业主以资金和技术等作为股权，入股组成农民专业合作社从事农业生产经营。农业龙头企业、专业合作社通过入股和租赁等土地流转方式不断发展壮大经营规模，截至2018年底已发展到6.7万多亩。

二、主要措施

在促进农村土地流转工作中，延津县确定了农村土地流转的基本思路：以发展为主题，以经济效益为中心，培植龙头企业；依靠经营体制和机制创新，调整优化农业农村经济结构，增加农民收入。在流转原则上，坚持维护农村集体土地所有权，长期稳定农户承包权，依法流转使用权。在流转目标上，依靠各方面的优势组合，实施耕地规模集约经营，发展优质高产高效农业。积极开发非耕地和低效益耕地，发展特色农业、生态农业和可持续农业，满足人们不断增长的物质文化生活需要。在流转方向上，依靠科技成果转化和实用新技术运用，着力将市场信息、资金、劳力和先进管理经验有效对接，建设一批有特色、有优势、科技含量高、市场前景好、辐射带动能力强的商品生产基地和现代农业示范区。在流转方式上，坚持农民与业主自主选择。具体做法是：

一是成立了土地流转工作领导小组。由分管农业的副县长任组长，负责组织、协调全县土地流转工作，以县农业局为主，抽调有关单位人员，组建了全县土地流转服务中心，办公地点设在县农业局。同时，除城关镇以外的乡镇也成立了土地流转服务中心，部分行政村、社区成立了土地流转信息站，基本形成了县、乡、村三级土地流转服务体系。

二是领导重视，措施得力。县委、县政府多次召开了土地流转工作会议，根据土地流转工作中出现的新问题，及时进行了专题部署。乡村干部也统一认识，加强领导，全县上下形成了土地流转工作的良好氛围。同时，乡、村两级干部把土地流转列入了乡村工作的重要日程，做到了年初有计划，年底有考核。

三是出台文件，明确对土地经营权流转鼓励措施。县委县政府先后出台的《关于推进和规范农村土地承包经营权流转工作的实施意见》（延发〔2010〕112号）及《延津县农村土地承包经营权流转实施细则》（延政办

〔2010〕116号）等文件中明确了对农业龙头企业、农民专业合作社、农村种粮大户流转土地的奖励和扶持办法。文件规定，凡农民专业合作社土地承包经营权入股面积连片300亩以上，龙头企业流转土地、100亩以上，乡（镇）、村成方连片流转土地300亩以上，流转期限3年以上的，县政府分别给予1万～2万元不等的奖励。2017年，为了鼓励贫困户流转土地、增加收入，县政府还分别对流转主体和贫困户分别给予200元和300元的资金扶持。同时为保证延津县土地流转工作落到实处，县委县政府还把农村土地流转工作列入各乡镇年终综合考核的重要内容。

三、存在问题

一是土地流转宣传仍不到位，农民进行土地流转意识较弱。部分乡镇村组干部对《农村土地承包法》还不理解或理解片面，对于《农村土地承包经营权流转管理办法》很多乡村干部还根本不知道，不少干部和农户对土地经营权可以转让的规定一无所知。

二是土地流转的操作程序不够规范。延津县有相当部分的土地流转，特别是农户之间的流转，只有口头约定，没有签订书面合同，即使签订有书面合同，条款也多不规范，内容过于简单，对双方权利义务等缺乏明确具体的规定，都为将来纠纷的出现埋下了隐患。

三是土地流转中介组织服务不够完善。就延津县而言，农户之间的土地流转基本上都处于自发阶段。土地流转管理部门除了提供个别的政策咨询服务以及处理因流转而引发的纠纷外，其他如提供格式合同、合同鉴证、手续变更档案管理、信息发布等业务基本都没有开展起来，虽然各乡镇都成立了土地流转服务体系，但尚未形成统一规范的土地流转市场。

四、改进措施

一是认真宣传贯彻《农村土地承包法》和《农村土地承包经营权流转管理办法》，切实维护农民土地流转的合法权益。树立起"流转土地，加快致富"的理念，加强依法行政的自觉性，使农村土地在依法、自愿、有偿的原则下进行合理流转，从而切实维护农民的土地承包经营权。

二是制定积极稳妥的土地流转鼓励和保障措施，使农民放心地流转土地。目前，由于农民还存在较重的小农意识，对国家的土地承包和土地流转政策不是很理解，同时农村的各项社会保障措施，特别是对土地流转的鼓励和保障措施还没有完善，各项服务不到位等，造成农民对国家提倡的土地流转政策多多少少地存在疑问，不敢放心大胆地将土地流转给别人。因此政府要尽快制定积极稳妥的土地流转鼓励和保障措施，使农民放心地流转土地。

三是加大财政金融支持力度。各级财政每年预算安排一定额度的农村土地流转和规模经营专项扶持资金，对农业规模流转经营主体进行补助，提高农村土地规模经营的积极性。建立风险保障机制。建立土地承包经营权流转风险基金，专项用于土地承包经营权流转经营业主因自然灾害等因素造成支付土地承包金、生产生活困难的帮扶。完善农业政策性保险政策，逐步增加保险品种，加大政府保费补贴力度，提高规模经营主体投保率，有效分散农业生产经营风险。强化金融信贷支持。各级金融机构应在符合信贷政策的前提下，积极为发展规模经营提供信贷和保险支持，安排一定的授信额度支持资信好、实力强的规模经营主体，允许其以联保等形式办理贷款手续，支持其利用法律法规未禁止的其他方式直接融资。

四是加强土地流转的规范管理。土地流转涉及土地所有者、土地经营者、中介组织等多方面的利益，而延津县的土地流转多是农民自发进行的，缺乏规范的管理，存在较大的纠纷隐患。近年来，因土地流转引发的纠纷逐年增加，所以要加强管理，以使农村土地按照规范的操作程序进行流转，将纠纷隐患减少到最低。完善县、乡、村三级土地流转管理机构。县、乡、村三级土地流转的管理机构，要设专人负责土地流转的管理，保障正常工作经费，对流转业主的资质审查、流转合同的签订和土地流转价格的确定予以监督，为业主和农户提供政策咨询服务、提供土地流转供需信息，对农村土地流转进行监督和指导，协调处理好各方面关系，彻底解决"要转的转不出去，要租的租不到"的问题，为农民搞好服务。

五是开展农村土地流转规模经营试点工作。在今后的工作中，将重点放在试点工作的开展上。选择群众积极性高,集体经济实力强,村级班子组织能力强,有一定数量农业产业化龙头企业、经营大户、农民专业合作社,有土地流转工作基础的乡镇,对其进行政策法律、合同文本、流程、资金等方面的扶持,同时,在工作中要不断更新观念,创新机制有力地推进全县农村土地流转工作健康蓬勃发展。

附件三：固始县推进农地流转和农业适度规模经营调研报告

固始县位于河南省东南端，豫皖两省交界处，总人口 165 万，县域面积 2 946 平方千米，耕地 173.3 万亩，是河南省第一人口大县、第一农业大县、第二产粮大县，也是国家扶贫开发工作重点县、国家级生态示范区、全国粮食生产先进县、全国劳务输出基地县。县境气候条件优越，地形地貌复杂，土壤类型多样，水稻、小麦、油菜、茶叶、蔬菜等农作物品种齐全，固始鸡、固始麻鸭、淮南猪、槐山羊等畜禽产品丰富，鲤鱼、甲鱼、青虾、黄鳝等水产品量大质优。近年来，随着农村经济的快速发展，农业结构的逐步优化，劳务经济的发展壮大，农村土地流转成为农村经济的一个重要抓手。通过二十多年的探索和实践，并逐步完善和发展，探索出了一条加速土地流转、推进农业现代化之路。调查分析固始县农地流转和适度规模经营的主要做法、经验和问题，对促进粮食主产区适度规模经营有比较强的借鉴意义。因此，课题组分别在 2015 年 10 月及 2017 年 4 月，两次到固始县，采用与涉农部门座谈、专访典型合作社和农户的方式进行调查，现将情况汇报如下。

一、发展现状

据统计，截止到 2016 年 12 月初，全县农地流转面积 1 395 023 亩（林地 424 169 亩、水面 85 832 亩），流转耕地面积 885 021 亩，耕地流转形式以转包为主，转包面积达 730 093 亩，占流转耕地面积的 82.49%；出租面积 125 030 亩；入股面积 14 933 亩；互换面积 483 亩；其他形式 14 482 亩。流转规模 1 万亩以上的农户 2 户，流转规模 5 000～10 000 亩以上的大户 5 户，流转规模 1 000～5 000 亩的种植大户有 43 户，流转面积为 84 198 亩；流转规模 500～1 000 亩的种植大户 63 户，流转面积为 42 491 亩；流转规模 100～500 亩的种植大户 738 户，流转面积为 142 021

亩；流转规模 50～100 亩的种植农户 2 713 户，流转面积为 176 511 亩；流转规模 10～50 亩的种植农户 23 405 户、流转面积为 396 129 亩。流出土地涉及全县 33 个乡镇办、606 个行政村（社区），10 万多户农户。已签订耕地流转合同 59 442 份，签订流转合同面积 714 901 亩，流转合同签订率为 80.77%。耕地流转入农户面积达 631 513 亩；流转入家庭农场面积 27 799 亩；流转入专业合作社面积 164 045 亩；流转入企业面积 27 953 亩；流转入其他主体面积 33 709 亩。

固始县农村土地流转的特点：一是以农民自发式流转为主，全县 60 多万外出务工农民，其承包地 95% 以上以短期流转形式由亲属和邻居代耕，占全县耕地流转面积 64.7%；二是长期流转（一年以上）都会签订流转合同；三是农村土地流转面积不集中，以零星为主，规模经营的流转大户少；四是流转形式以转包和出租为主。

二、主要做法

（一）健全体系，搭建平台

在建立农村土地流转服务体系作为推进农村土地流转的突破口上，按照工作有人抓、事情有人干和确保服务到位的要求，固始县不仅构建了主要领导亲自抓、分管领导具体抓、工作人员全力抓的推进体系，而且建立了农村土地流转服务信息网，县、33 个乡（镇）都建立了农村土地流转服务大厅，统一配备电脑、显示屏等办公设施，使土地流转信息全部实现了有形化，使土地流转规模的概念化变成数量化，使农民土地流转的无序化变成有序化，使土地流转主体分散化变成集聚化。县、乡镇办、村三级服务中心（站），内联土地流转意向农户，外联分布在城乡的土地流入意向主体，通过固始县农村土地流转信息网使全县土地流转信息传播到全国各地。县农村土地流转服务中心还通过政策咨询窗口，向来访来电的群众宣传土地流转政策，使土地流转政策深入人心，使隔村、隔乡、相距千山万水的双方，实现了零距离对话。

（二）加强宣传，优化服务

充分利用广播、电视、报刊等各种媒体，重点加强《农村土地承包法》《农村土地承包经营权流转管理办法》《农村土地承包经营纠纷调解仲裁法》《关于引导农村土地经营权有序流转发展农业适度规模经营的意见》等法律法规文件的宣传，并通过土地流转规模经营增收致富典型的报道，让农民了解农地流转规模经营的法律法规规定、程序及纠纷案件处理原则，提高认识，转变观念，放心流转土地。

（三）完善合同，规范流转

把签订土地流转合同作为规范土地流转的主要内容来抓，要求凡是流转期限在一年以上的，流转双方必须签订规范的土地流转合同并在村级集体经济组织备案，转包、互换等形式必须在本村集体内部进行，并且流转后还应对发包方村级集体经济组织负责。县土地流转服务中心编制并免费提供适用不同流转形式的土地流转规范性合同文本，同时也可直接从固始县农村土地流转信息网站下载规范合同文本。为提高合同的签证率，继续按照属于乡镇范围管辖的，由乡镇农村土地流转服务中心签证，属于跨乡且流转面积过大的，由县农村土地流转服务中心签证。

（四）耐心调解，依法仲裁

农村土地纠纷，关系到全县农村稳定和经济发展的大局。按照《中华人民共和国农村土地承包经营纠纷调解仲裁法》的要求，建立健全以村民协商、乡村调解、县级仲裁的农村土地承包经营纠纷调解仲裁体系。县农村土地流转服务中心耐心调解，依法处理信访、仲裁农村土地承包纠纷案件共 18 起，其中仲裁 5 起、调处 1 起、查处信访件 12 起，较好地维护了土地纠纷双方当事人的利益。

三、取得成效

（一）提高了农民组织化程度

土地向种养大户、合作社、农业企业流转形成一定规模后，既解决了一家一户经营土地面对的难题，转入方加大了对农地的投入力度，筹措资金整修水利等基础设施、建立仓储晒场、购买农机、办电改水，并实行统一整地、统一播种、统一施肥、统一植保、统一田间管理、统一销售，使流转前由于缺乏资金、技术、人力、机械等要素导致大部分农田管理水平和生产能力较低的状况得到有效改善，农业产量和农民收入水平明显提升。

(二) 增加了农民收入

据调查，目前固始县土地流转租金一般在 300～700 元/(亩·年)，相当于农民自行种植一季水稻等传统作物的收益。土地流转后，转出方劳动力可以有效地从农业中脱离出来从事其他产业，有力促进了务工经济。一方面，当前固始县全县规模农业生产者就近农业用工量逐渐增加，农忙季节需要一定的雇工，农业企业、大户雇工人均年收入约在 10 000～15 000 元/年，部分管理或技术型农民年收入高达 20 000 多元。另一方面，农民摆脱了土地束缚，敢于放手外出，年工资一般多在 20 000～40 000 元甚至更高。从转入方农户来说，由于经营规模扩大，降低了平均生产成本，并通过调整农业结构、采用新品种新技术、拓展销售渠道获得较高收益。

(三) 促进了农民再就业和创业

土地流转减缓了部分农民"亦工亦农、亦商亦农"的无效兼业化状态，促进农民分工分业和有效转移，促进了农村劳动力合理流动，专门从事二三产业。如张广镇九龙村大部分农民都已转移到第二产业，农业从业者也分化为专门的农业生产者、技术人员和农业工人。同时，一部分农民从单纯种养业向从事农业技术服务、农业经纪人等身份转变，出现了一批农产品营销专业户和农村经纪人队伍，也产生了一批自主创业的新型职业农民。

(四) 增加了社会资金对农业的投入

通过土地流转，增加了农业投资机会。农业企业、工商企业参与到农业生产经营中，提高了农业生产效益，调整了农业生产结构，促进了农村产业融合发展。如固始县南方种植专业合作社吸纳社会资金从事葡萄种植，发展现代观光、生态旅游农业；固始县思乡缘林木种植专业合作社开发荒山种植杂果，促进了农地需求供给之间的有效对接，有效解决了"有地不想种和想种没地种"的矛盾，不少撂荒土地得到合理开垦利用，又活跃了农村经济，促进了农业产业高质量发展。

(五) 促进了农业产业结构调整

推动土地流转，有利于经营者按照市场需求调整种植业结构，发展农村产业，促进了固始县有机香稻、芡实、葡萄、花卉、萝卜、冬枣、茶叶、白对虾、冬虫夏草等种养业发展，产生了比较高的经济效益。通过土地流转，实现规模化种植，提高了农业物质装备水平，加快了农业机械化进程，还培育出了一批现代农业示范点。如固始县万德兰博士生态园，在南大桥乡出租耕地 600 亩实施现代农业项目，已初具规模，葡萄、草莓、蓝莓等种植基地按照标准化生产模式运营，种植效益大幅度提高，辐射带动作用明显，加快了当地农村产业结构调整步伐。

四、存在问题

（一）流转盲目性

多数流转大户对农业生产经营并不熟悉，缺乏必备的现代产业经营知识，流转土地存在盲目性，流转前缺乏认真准备，流转后不知道种植什么。同时，由于思想，技术，物质准备不足，在生产经营过程中，缺资金、缺技术、缺管理，导致经营不善，没有达到预期效果。

（二）经营困难多

规模流转面积 2 000 亩以上的，由于一次性投入较高，每年还要支付土地转包费，融资渠道不畅通、种植品种单一、管理不到位等因素导致流转大户经营举步维艰。如固始县广德农业高科专业合作社在经营过程中面临比较突出的融资难、管理难、投入大、回收慢、压力大等难题。

（三）整体效益小

全县绝大多数流转大户都还是从事当地传统农业种植，从事高效经济作物和特色种植的不多，加上自然灾害多，导致流转大户种植效益差，有的年份存在入不敷出和亏本现象。只有土地流转后进行农业结构调整，改变常规种植为高效种植，才能实现种植利益最大化。全县规模经营 3 000 亩以上的大户都存在亏损，面积越大亏损越多。

（四）成本费用高

有的流转大户亩转包费在 600～700 元/年或 600～700 斤稻谷/年；有的流转耕地不连片，东一块，西一块，不便于机械化作业，田间管理难度大，成本偏高，利润小。从调查情况看，全县土地流转费在 400 元/亩或 400 斤稻谷/亩为宜。

（五）管理经验少

有的土地流转大户，一方面，找不到好的经营项目，仍然从事常规种植，无品牌、无特色、无优势，订单量少，品种多乱杂，种优质稻产不出优质米，种植效益不高；另一方面，管理跟不上，盲目生产经营，有的不需要建仓储、购买收割机、建办公大楼等，非生产性投入偏大。

（六）贷款融资难

资金短缺是制约流转大户、合作社、家庭农场业务经营发展的主要瓶颈。目前，固始县一些种植大户、合作社、家庭农场担保难、抵押难、贷款难，农业生产季节性融资得不到及时保障，资金链短，导致经营无法正常开展。

五、改进措施

（一）土地流转应适度规模经营，积极稳妥推进

流转面积要因人而异，不能盲目求大。流转双方要签订规范的土地流转合同，并在村级集体经济组织备案，双方严格按照合同履行各自职责。对种养大户而言，流转面积控制在 1 000～2 000 亩为宜，管理、资金、技术、仓储要有充足的保障。

（二）引进先进技术，推广高效作物

广泛吸纳各类专业人才，培训内部管理人员，推广种植经济作物、高效作物、特色作物，大力实施标准化生产、品牌化经营、集约化管理、工业化运作，提高复种指数，实现种植利益最大化。

（三）落实贷款贴息政策，解决资金短缺难题

每年从粮食生产大县奖励资金中拿出一部分用以重点扶持流转大户，对流转面积 1 000 亩以上、年度贷款额度 50 万元以上，用于农业生产、结构调整，从事高效农业的规模经营户给予贴息，用最少的投入产生最大利益。创新信贷担保方式，金融部门主动为经营大户提供信贷服务，解决季节性农业生产资金短缺问题。

（四）加大扶持力度，为流转大户排忧解难

一是政策的扶持。在现有奖励政策的基础上，着力解决出现的新情况、新问题。如把流转大户开挖大塘蓄水，兴修水利设施纳入全县秋冬农水建设工作重点予以实施。二是资金扶持。县、乡财政在每年预算中安排一定额度的资金，对于土地流转面积 1 000 亩以上的给予适当补贴，同

时，对发展前景较好的特色农业和中小规模经营户，也应对其帮扶。三是技术扶持。农业技术部门技术人员与规模经营大户结对子，定期或不定期地开展技术指导。四是项目支持。整合农业项目捆绑使用，把农田水利建设项目、高产创建项目、土地整理项目、一事一议项目等农业项目向土地流转大户倾斜，解决流转大户农业生产基础设施存在的问题，推动流转大户朝着现代农业方向迈进。

附件四：滑县推进农地流转和农业 适度规模经营调研报告

滑县位于河南省东北部，地处黄河故道，县域面积 1 814 平方千米，辖 10 镇 12 乡和 1 个产业集聚区，1 019 个行政村，总人口 130 万，耕地面积 130 000 公顷，素有"豫北粮仓"之美誉，粮食总产量连续 26 年位居河南省第一位，小麦种植面积和产量在全国县级区域排第一位，被农业农村部誉为全国稳定发展粮食生产的一面红旗。滑县农地流转和规模经营在粮食主产区平原地区具有典型代表性，因此课题组在 2017 年 5 月份到滑县，采用与涉农部门座谈、专访典型合作社和农户的方式进行调查，现将情况汇报如下：

一、土地流转的现状及模式

(一) 土地流转的现状

滑县耕地面积 195 万亩，实行家庭承包经营的土地面积 193.4 万亩，截至 2016 年底，农地流转面积达到 30.35 万亩。在土地流转总面积中，转包面积 18.05 万亩，出租面积 9.19 万亩，互换面积 2.69 万亩，入股面积 0.42 万亩。土地流转期限 1~10 年的 20.76 万亩，10 年至承包期结束的 9.59 万亩。

(二) 土地流转主要模式

在农地规模流转过程中，主要有以下 5 种流转模式：

(1) 农业企业带动型。如留固镇西留固村 315 户农民将 1 326 亩承包地流转给该村村委会，村委会又将流转过来的土地流转给中农盛世生态农业开发公司用于农业开发，合同期限 10 年，每年每亩租金 800 斤小麦，该块土地直接投资在 1.5 亿元以上。土地流转不仅能使农民就近就业，还能使农民在就业过程中提高自己的劳动技能，为将来创业打下深厚的技术基础。

（2）合作社带动型。位于城关镇东孔庄村的滑县希斋种植农民专业合作社，现有社员 60 户，流转耕地 1 598.6 亩，流转价格为每年每亩 1 000 斤小麦，流转土地用于种植杭白贡菊、薄荷、板蓝根、蜀葵，杭白贡菊、薄荷亩收入可达 10 000 元，蜀葵、板蓝根亩收入可达 8 000 元。又如位于滑县城关镇北关村的滑县瑞刚种植农民专业合作社，目前已发展社员 233 名，土地入股 1 032.6 股（一亩为一股），资金股 296 股（1 000 元为一股），资金股只能参加合作社的分红，土地股除和资金股一样参加合作社的分红外，每股每年还给予 800 斤小麦。现在，该社成为以瓜菜种植、良种繁育为主，兼营其他农产品的合作社。该社实行统一经营和分散经营相结合的管理模式，统一购置农资、统一播种、统一技术指导、统一产品销售。

（3）大户带动型。如高平镇尚有光流转本村承包地 512 亩，用于发展温棚瓜菜，流转价格每年每亩 1 000 斤小麦。

（4）农业项目带动型。如高平镇实施的支农资金整合项目，在该镇的苗东村、苗西村、西起寨村、西高平村四村交界处，将 1 800 亩土地全部流转，流转价格为每年每亩 1 100 斤小麦，土地流转后，镇政府经过统一规划，由种植能手进行高效农业种植。

（5）家庭农场经营型。截至 2016 年底，全县家庭农场已发展到 926 个，其中，从事种植业的 866 个、养殖业的 46 个、种养结合的 14 个。全县第一家家庭农场——滑县阳虹家庭农场是家庭农场的典型代表。该农场位于滑县留固镇东留固村，农场主耿爱丽及其丈夫是本地有名的种植能手。目前农地流转面积 500 多亩，冬季主要种植小麦，秋季主要种植玉米，另外还养殖 400 多只绵羊。主要以家庭劳动力为主，同时长期雇工 1 名，拥有多套农业机械，是一个名副其实的典型家庭农场。

二、主要做法

（一）加大对规模土地流转工作的推进力度

近年来，滑县打响了现代农业产业化集群培育攻坚战，其中土地流转是很重要的一项内容。县委县政府和现代农业产业化集群培育攻坚战指挥部多次对规模土地流转工作进行安排部署，指挥部四位副县级领导多次下乡入村督导土地流转工作。

（二）明确各乡镇的土地流转任务目标

县委办公室下发政府文件对各乡镇的土地流转任务目标进行了明确，除产业集聚区、道口镇外，其他每个乡镇要新增土地流转面积 5 000 亩以上。城关镇、八里营乡、大寨乡、牛屯镇、四间房乡、留固镇、桑村乡、慈周寨乡、万古镇、高平镇等 10 个乡镇，分别新增集中连片、规模流转土地面积 2 000 亩以上；枣村乡、老庙乡、白道口镇、赵营乡、老店镇、上官镇、瓦岗寨乡、半坡店乡、焦虎乡、小铺乡、王庄镇等 11 个乡镇，分别新增集中连片、规模流转土地面积 1 500 亩以上。

（三）加大对土地规模流转的奖补力度

滑县对农地流转和规模经营进行了财政支持，土地流转具体奖补内容是："以农业产业化企业、种养大户、农民专业合作组织等为单位，当年集中成方连片流转土地 500 亩以上发展规模化现代农业生产，土地流转期限 5 年以上的，每亩一次性奖补流入方 100 元；1 000 亩以上的，每亩一次性奖补流入方 150 元。"

（四）搞好土地流转的规范发展

为了推进和规范农村土地流转，滑县还出台了《滑县人民政府办公室关于推进全县农村土地承包经营权流转的意见》和《滑县农业局关于印发农村土地流转程序暨农村土地流转合同示范文本的通知》两个文件。

三、主要问题及原因

（一）农业细碎化程度高

目前，全县农村土地流转面积仅占承包地总面积的 15.69%，与河南省多数地区相比偏低，农业细碎化明显，有的乡镇流转比例高，有的乡镇流转比例低。各村流转比例也有悬殊。究其原因主要和当地的经济发展水平和种植模式有关，经济欠发达、种植模式不先进，是影响农地流转和规模经营的主要原因。

（二）土地流转行为不规范

农户之间的土地流转不少是采用"口头合同"的方式，没有签订书面合同。签订书面合同的，合同也欠规范、不完善。如有的合同标的、期限、补偿方式、权利义务不明确。主要原因是乡镇农经站的职能并入农业服务中心后，农经职能弱化，乡镇基本上没有专业人员负责土地承包管理和流转工作，流转行为缺乏有效监管。

（三）流转的土地规模化经营程度较低

滑县农地流转多以农户间的自发转包方式为主，通过乡村级集体经济组织或其他中介组织流转的比例较低，转入方多是一般农户，很少有农业企业，流转后真正能实现适度规模经营的很少。原因是滑县总体经济发展比较滞后，特别是工业发展比较滞后，有不少农户因为没有更好的谋生手段而不愿意流转，土地流转规模经营在一些地方还有一定的困难。

（四）规模土地流转价格偏高

目前，土地规模流转租金一般高于其他县市，每亩流转价格一般在800元以上，土地流转后主要用于发展高效农业和养殖业。由于种植粮食比较效益低，土地规模流转价格高造成土地流转后大多不再种植粮食作物。

四、对策建议

（一）完善制度，规范有序

一是提高县农村土地承包流转管理服务中心的服务水平，各乡镇也成立土地流转服务中心，形成完善的服务体系。二是要规范流转手续。乡镇农村土地流转管理部门负责为土地流转双方提供合同文本，流转双方应签订规范的土地流转合同，并在村级集体经济组织备案。三是流转双方的权利义务要明确，流转的期限不能超过土地承包期的剩余期限。四是村级集体经济组织应建立并完善土地承包经营权流转档案，报乡镇农村土地流转管理部门备案。

（二）政府引导，多元参与

一是做好引导，搞好服务。这项工作的好坏，与政府的引导和服务分不开，与当地人民生活水平和经济发展程度分不开。二是鼓励种养大户、工商企业、合作组织等通过土地流转，调整农业产业结构，创办农业园区，提高土地规模化、集约化水平，提升示范带动作用。三是鼓励发展土地流转的社会中介服务组织，支持社会力量创办规范的土地流转服务组织，提升其服务水平。四是加大农业企业的招商引资力度。

（三）加大扶持，提升能力

为鼓励和支持土地流转和规模经营，各级财政每年应安排一定专项资金，用于对土地规模经营流转的奖补。对土地流转较好的项目和地方，各级政府要捆绑使用农业综合开发、扶贫和以工代赈等项目资金，财政支农整合资金、农村信贷资金要重点向这些地方倾斜和支持。

（四）加强领导，健全机构

农村土地承包经营权流转涉及面广，政策性强，关系到广大农民的切身利益，各级各部门必须高度重视，切实加强领导。要成立农村土地流转和规模经营工作领导小组，负责总体协调、全面监管、落实扶持奖励政策等工作。

附件五：永城市推进农地流转和农业适度规模经营调研报告

一、基本情况

永城市位于河南省东部，苏鲁豫皖四省接合处，是新兴的能源城市，也是农业大市。近年来，永城市抓住城市化、工业化步伐加快的有利时机，坚持"依法、自愿、有偿"的原则，因地制宜抓引导，创新形式抓带动，规范管理抓服务，积极推进农村土地流转，有效促进了农村土地适度规模经营。截至 2016 年底，全市农村土地流转面积 65.5 万亩，其中流转 50 亩以上的农民合作社、家庭农场 957 家，流转面积 230 209 亩。其中种植粮食经营主体 770 家，面积 193 500 亩；种植蔬果非粮食类经营主体 164 家，共 36 708.6 亩。初步形成以粮食生产为主，蔬菜、苗木和水果等共同发展的产业结构。

二、主要措施及成效

（一）强化组织领导

市委、市政府把推进农村土地适度规模经营作为统筹城乡发展、转变农业发展方式、促进现代农业发展和新农村建设的一项重要举措，列入农业农村工作的重要议事日程，精心谋划，认真部署。2011 年以来，永城市人民政府办公室下发了《关于成立了农村土地承包经营权流转工作领导小组的通知》（永政办〔2011〕34 号），成立了由市政府分管领导任组长，相关部门负责人为成员的全市农村土地承包经营权流转工作领导小组，具体负责农村土地流转的组织协调、督促落实等工作。各乡（镇）也都成立了相应机构，配备了相应人员，为做好土地流转工作提供了组织保障。

（二）广泛宣传发动

充分利用广播电视、报刊墙报、网络等宣传媒体，加大对农村土地承包、依法流转的政策宣传，提高各级干部对土地流转工作的认识，让农民认清开展土地流转的实际好处，彻底打消农民后顾之忧。近年来，共举办培训班 6 期，编印《农村土地承包仲裁法律法规汇编》1 000 册，《农村土地承包经营权流转政策汇编》2 000 册，培训人员 1 600 多人次，奠定了土地流转良好的群众基础。

（三）健全流转平台

建立市、乡镇、村三级土地流转服务体系，形成市有土地流转服务中心、乡镇有土地流转服务站、村有土地流转信息员的"三位一体"服务网络。截至目前，全市已经建立 1 个市级流转服务中心、29 个乡镇级农村土地流转服务中心，有 732 个村级农村土地流转信息员，初步形成了服务健全、管理规范的农村土地流转服务体系。

（四）优化综合服务

第一，建立了合同管理制度。市农业局专门制定土地流转的管理办法和实施细则，明确流转的操作程序、具体范围、原则、流转形式，统一合同文本，规范流转合同，建立流转台账和档案。第二，建立了信息登记发布制度。按照"分类登记、动态管理"的原则，对农民有意愿流转的土地，以村为单位，建立流转土地信息库，定期对外发布流转信息，做好项目招商对接服务。第三，建立了流转价格指导制度。市政府根据不同产业、不同片区制定土地流转最低指导价，建立收益调整、递增机制，保障流转土地农户的收益。对流转价格明显偏低的，分不同类型进行调整与规范，由流转双方共同协商确定，逐步提高土地租金。第四，建立了乡村调解、市级仲裁、司法保障的土地承包纠纷调解机制，及时调处土地流转中出现的纠纷。

（五）落实优惠政策

永城市明确了加快农村土地流转的指导思想、目标任务、基本原则、扶持政策和保障措施。为有效提高新型农业经营主体流转土地的积极性和主动性，2013 年与 2014 年永城市 1 号文件，连续出台了一系列培育新型农业经营主体，大力促进现代农业发展的政策措施，市政府每年安排 500 万元，开展土地流转政策法规培训，保障市乡村三级土地流转服务组织工作有序运行，对百亩以上的土地规模新型农业经营主体进行奖补。

三、存在问题

（一）对农业适度规模经营的重要性认识不够

有的地方片面认为规模经营适度或不适度是市场主体自身的事，政府没有必要去做费力不讨好的事。在具体工作中，部分基层干部仍然存在怕难、怕烦、怕风险，表现在引导土地流转上，积极性、主动性不强。还有部分地方认为农业规模经营的实现形式就是把土地集中起来，认为规模越大越好，没有认识到农业经营规模要与农村劳动力转移、农业科技、农作物特性、农业经营组织、农业社会化服务水平相适应。

（二）土地适度规模经营制约因素多

土地流转难，农村土地适度规模经营难度逐年加大。究其原因，从主观上看，由于土地对于农户而言具有生存和就业保障两大功能，部分农户担心流转后会失去土地承包权。在一个集体经济组织内部，部分成员想把土地流转出去，另一部分则不愿意流转，又不愿意调整承包地位置，因而造成想转出土地的农民其转出的土地形不成规模而流转不起来。从客观上看，农村土地流转市场尚未健全，土地流转信息不对称。部分农户有流转意向，却找不到合适的受让方，规模经营主体则找不到流转土地的出让方。土地流转期限偏短，直接影响了农业规模经营主体投入的积极性。随着物价上涨和流入方种植收益的提高，流出方逐年要求提高流转费用。2016 年，部分土地流转年租金已高达每亩 1 200 元。

（三）保障机制不够优化

一是资金信贷融资渠道较窄，贷款难问题普遍，政策性保险、贷款贴息等普惠政策覆盖面不广。部分地方虽开展土地经营权抵押贷款，但贷款还是很难，贷款额度满足不了生产需求。二是农业设施用地落实难，规模经营主体发展空间受限。三是农田排灌渠道等基础设施建设滞后，管护责任落实不到位。四是很多合作社处于小、散、弱状态，整体实力还不够强，从业人员以老年、妇女居多，缺乏年轻的经营管理人才，合作社经营实力不强，服务能力有限，与基地、专业大户、龙头企业等利益连接不紧密。

（四）支持政策有待完善

有关规模经营的法律法规仍不够健全，农业规模经营的基础不稳，主体地位没有真正确立。农业适度规模经营的扶持政策较为零碎、系统性不够，力度还不够大，顶层设计协调性不强，即使一些政策将新型主体纳入支持范围，也存在操作性不强、不具体、落实难等问题。

（五）农业社会化服务机制不够完善

部分地区对做好农业社会化服务，消除资源瓶颈、优化市场配置、提高生产效率的重要性认识不足，没有明确业务内容、建立工作机制。当前乡镇基层农技队伍"缺编、缺才、缺精力、不重视"现象普遍，乡镇农技队伍青黄不接、活力不足的问题凸显。存在公益性服务机构引领支撑作用较弱，经营性服务组织实力弱，服务供给不足，服务内容与经营主体需求之间存在差距，社会化服务体系发展环境有待优化，政府购买服务形式少和覆盖面窄等问题。

四、对策及建议

按照习近平总书记关于发展土地流转和多种形式规模经营的要求，做好新常态下农业适度规模经营的各项工作。建议注意的几个问题：

（一）要把握好农业适度规模经营的"度"

农业适度规模经营是在一定的环境和社会经济条件下，通过各生产要素的最优组合和有效运行，取得最佳的经济效益。所谓"适度"就是要根据新型农业经营主体的经营能力决定经营规模，使生产关系与生产力相适应。中办发〔2014〕61 号文件明确指出，土地经营规模相当于当地户均承包面积的 10～15 倍、务农收入相当于当地二三产业务工收入的，认定为适度规模经营，给予重点扶持。豫办〔2015〕50 号文件明确指出，对土地规模经营在 100～300 亩、务农收入相当于当地二三产业务工收入的，应当给予重点扶持，从事粮食生产的土地规模经营标准可适当扩大。

（二）要破解土地流转中的关键问题

一是要夯实土地流转的基础。通过农村土地承包经营权确权登记颁证，明确农村土地承包经营权的物权性质，解决承包地四至不清、面积不准、空间不明、登记簿不全等问题，消除农户土地流转的后顾之忧。二是要探索土地流转的多种途径。引导农民依法自愿采取多种流转方式，积极引导农户将土地流转给新型经营主体开展农业规模经营，加强两者之间的利益权衡协调，探索以股份制等方式形成利益共同体。三是要创新土地流转的保障机制。发展土地流转交易市场，健全流转定价机制，引导土地流转的供求双方进场交易，建立土地流转登记和档案管理制度，通过规范的"流转文本"取代"口头协议"，保障流转期限、流转费用。同时要防止土地一流转就"粮转非"，确保粮食种植面积和安全。

（三）要积极构建农业社会化服务体系

要利用自身拥有的资源优势，为农民提供农机作业、生产管理、产品销售等社会化服务，在积极培育各类新型农业规模经营主体的基础上，更多地引导其通过产权纽带、利益联结形成合作机制，开展农业社会化服务，以服务规模的扩大弥补耕地规模不足，走符合本市市情的农业规模经营之路。

（四）要破解规模经营主体的"融资难"问题

发展农业适度规模经营离不开金融支持。建议积极探索建立种粮农民互保合作信贷制度，放大贷款额度。建立配套的抵押担保登记办法、评估办法和抵押担保资产处置机制。

（五）要加大政策扶持力度

一是要执行好农业设施用地政策。建议按照设施用地管理办法，落实好农业设施用地。在年度国有建设用地指标中可单列一定比例专门用于新型农业经营仓储、机耕、烘干、加工和农业服务业等用地需要，并按规定减免相关税费。二是要优化财政奖补政策。建议把普惠性政策，调整为向适度规模经营主体，尤其是承担社会化服务的组织倾斜。重点支持发展粮食规模化生产，对种粮大户（农场、合作社）新流转土地种粮的，每年给予一定的流转价格补贴。建立健全新型主体及项目奖补数据库，加强项目实施与绩效的检查考核、评估服务跟踪。三是要完善相关法律法规。确保农业适度规模经营合法、合规、有序，维护集体和农户的正当权利。四是要对长期流转土地的农户，允许适当参照被征地农民的相关就业和社保政策，落实相应的社会保障。五是要积极鼓励工商资本进入农业领域，在不损害各种经营主体、不危及国家粮食安全的前提下，引导工商资本发展高效生态农业。

参考文献

REFERENCES

岑剑.2014. 美国土地信托的制度起源、基本架构及现实思考 [J]. 世界农业（8）：119-122.

陈桃桃.2018. 农村土地流转电商化研究 [D]. 石河子：石河子大学.

陈正旭.2016. 现行农地流转模式对比分析 [D]. 烟台：烟台大学.

程飞，信桂新，魏朝富，等.2015. 农地流转综合绩效评价体系构建及应用 [J]. 西南大学学报（自然科学版），37（1）：110-117.

程晓可，郭璐，郝静，等.2010. 河南省农村土地流转现状分析与对策研究 [J]. 中州大学学报，27（2）：10-13.

程宇.2013. 还权赋能：农地产权改革路径选择——以佛山市南海区土地股份合作制为例 [J]. 湖北经济学院学报，11（3）：48-53.

高雅.2010. 促进河南省农村土地流转之对策研究 [J]. 河南商业高等专科学校学报，2（23）：42-45

顾鹏.2018. 我国农地流转的金融支持研究 [D]. 深圳：深圳大学.

管必英.2016. 规范与完善农村土地股份合作制流转模式研究 [J]. 北京农业（2）：183-184.

郭栋.2017. 现阶段我国农村土地流转模式研究 [D]. 太原：山西大学.

韩有.2017. 中鹤集团的农业产业化之路：农业有效益、农民有事干、农村有生机 [N]. 经济日报，12-26（3）.

洪名勇.2018. 农地流转互联网平台研究 [D]. 贵阳：贵州大学.

黄伟.2014. 农地流转中的非农化与非粮化风险及其规避 [J]. 当代经济管理，36（8）：39-43.

黄增付.2016. 农民土地转出中的道义理性选择及现实困境——以核心产粮区典型村庄为例 [J]. 农业经济问题，37（7）：81-89.

黄祖辉，王朋.2008. 农地流转：现状、问题及对策——兼论土地流转对现代农业发展的影响 [J]. 浙江大学学报（人文社会科学版）（2）：38-47.

姜雪莲 . 2014. 日本农地流转信托研究 ［J］. 世界农业（6）：45 - 50.

姜宇涵 . 2016. 辉县市农户农地流转中的权益保障问题研究 ［D］. 郑州：河南财经政法大学 .

蒋和平，蒋辉 . 2014. 农业适度规模经营的实现路径研究 ［J］. 农业经济与管理（1）：
　　5 - 11.

匡婧 . 2016. 互联网＋农地流转服务呈现六大趋势 ［J］. 投资北京（6）：43 - 44.

匡远配，刘洋 . 2018. 农地流转过程中的"非农化"、"非粮化"辨析 ［J］. 农村经济（4）：
　　1 - 6.

李钢 . 2009. 农地流转与农民权益保护的制度安排 ［J］. 财经科学（3）：85 - 90.

李海霞，康艳宁 . 2015. 互联网时代农村土地流转模式比较研究 ［J］. 合作经济与科技
　　（18）：30 - 31.

李娟 . 2018. 打通金融服务农业发展的"任督二脉"——湖南汉寿县农村土地经营权抵押
　　贷款改革显成效 ［J］. 农村经营管理（10）：26 - 27.

李林林 . 2016. 农村土地承包权信托流转问题研究 ［D］. 开封：河南大学 .

李萌 . 2016. "互联网＋"背景下土地流转电商化方案初探——以"聚土地"为例 ［J］.
　　农技服务，33（7）：15 - 17.

李启宇 . 2010. 基于城乡统筹的农地承包经营权流转制度创新研究 ［J］. 成都：四川农业
　　大学 .

李万明，陈桃桃 . 2017. "互联网＋"土地流转：新型土地流转模式运行机制研究——基
　　于土流网的经验考察 ［J］. 价格月刊（10）：81 - 85.

李新光 . 2016. 中国农业保险经营模式研究 ［D］. 长春：吉林大学 .

李振义 . 2010. 关于农村土地流转制度创新的思考——以河南省光山县江湾模式为例 ［J］.
　　甘肃农业（3）：59 - 61.

刘成玉，杨琦 . 2015. 对农村土地流转几个理论问题的认识 ［J］. 农业经济问题（10）：
　　48 - 52.

刘丹，巩前文 . 2017. 农地流转中"去粮化"行为对国家粮食安全的影响及治理对策 ［J］.
　　农业现代化研究，38（4）：673 - 680.

刘启明，李晓晖 . 2018. 关于如何完善土地流转的制度探讨——基于日本农地中间管理制
　　度的分析与启示 ［J］. 中国农业大学学报（社会科学版），35（2）：95 - 105.

刘英杰 . 2004. 德国农业和农村发展政策特点及其启示 ［J］. 世界农业（2）：36 - 39.

鲁婷婷 . 2019. 农地流转中农民权益保障研究 ［D］. 重庆：重庆师范大学 .

罗丽，桂琳，何忠伟 . 2014. 北京市集体林地委托流转制度分析——以平谷区为例 ［J］.
　　北京农学院学报，29（2）：79 - 82.

孟俊杰，田建民，郭婷婷 . 2014. 河南省家庭农场中的主要问题和扶持对策 ［J］. 农业经

济（4）：7-8.

孟俊杰，田建民，马卫寰.2011.中原农区农地流转主要模式比较分析［J］.中国农学通报，27（29）：172-176.

孟俊杰.2015.农业规模经营急需金融支持［N］.中国社会科学报，01-20（4）.

孟俊杰.2016.粮食生产规模经营适度测算［N］.中国社会科学报，04-13（4）.

明道江.2015.我国农村土地承包经营权抵押贷款模式比较［J］.农村金融（5）：51-54.

乔鹏程，孟俊杰.2015.河南省粮食主产区农业适度规模经营问题研究［J］.河南社会科学，23（12）：101-103.

覃建芹.2010.土地承包经营权流转中的农民权益保护研究［J］.农业经济（6）：68-70.

万菲.2015.中国农村土地信托流转模式比较研究［D］.上海：华东政法大学.

王景顺，李晓珍，李现社.2016.安阳市农业保险工作现状和问题分析［J］.中国种业（3）：1-3.

王亚运，蔡银莺，李海燕.2015.空间异质性下农地流转状况及影响因素——以武汉、荆门、黄冈为实证［J］.中国土地科学，29（6）：19-25.

吴德慧.2010.河南省农地流转市场机制构成、原则及路径［J］.特区经济（8）：196-198.

吴巍，张安录.2016.农地流转影响因素研究——基于河南省4市625份农户调查［J］.华中农业大学学报（社会科学版）（4）：107-113，131-132.

吴帧培.2011.农业适度规模经营的理论与实证研究［D］.北京：中国农业科学院.

夏涛.2011.当前国内农村土地流转中介组织研究评述［J］.西部论坛，21（2）：54-59.

夏玉莲，曾福生.2014.农地股份合作社的效益分析——基于湖南省光明村农地股份合作社的个案研究［J］.经济理论与经济管理（2）：105-112.

萧萧马鸣.2017."三权分置"背景下的农村土地流转中农民权益保障研究［D］.湘潭：湘潭大学.

徐峰，邱隆云，翁贞林.2011.粮食主产区农户农田经营流转行为意愿实证分析——以江西省为例［J］.中国农学通报，27（11）：123-128.

杨贞林，刘宏刚，王艳明.2018.创新土地股份合作促进农民增收致富［J］.中国农民合作社（7）：43-44.

姚升.2015.美国、日本土地信托流转模式及启示［J］.世界农业（11）：51-54.

易小燕，陈印军，孙俊立，等.2009.现行农地使用权流转的模式比较及效应评价［J］.农业科技管理，28（4）：52-55，88.

易小燕，肖碧林.2011.典型地区农民耕地流转基本特征及影响因素分析［J］.资源与产业，28（1）：158-165.

张爱辉 . 2016. 长安区高桥乡农户土地抵押融资状况分析 ［J］. 农村经济与科技，27
　　（10）：73 - 74.

张婧雯 . 2010. 关于我国农村土地流转模式之实证分析 ［J］. 中共四川省委党校学报（4）：
　　57 - 60.

张立君 . 2019. 农地流转市场信息不对称困境及对策 ［J］. 合作经济与科技（5）：82 - 84.

张沁岚，杨炳成，文晓巍，等 . 2014. 土地股份合作制背景下推进承包经营权确权的农户
　　意愿、难点和对策——以广东省为例 ［J］. 农业经济问题（10）：81 - 87.

张新设 . 2017. 农地流转过程中"非粮化"问题研究——以河南省为例 ［D］. 温州：温州
　　大学 .

章春媚，张惠薪，郑志强，等 . 2017. 浙江农村土地流转行为典型模式和案例调研分析
　　［J］. 绿色环保建材（3）：49 - 51.

赵财神 . 2018. 土地流转六大模式及案例分析 ［EB/OL］. http：//www. 360doc. com/con-
　　tent/18/0 227/19/31 838 386 ＿ 732 947 058. shtml（2）- 27.

赵晨光 . 2016. 我国农村金融存在的问题及对策探析 ［J］. 时代金融（5）：26 - 29.

赵金龙，王丽萍 . 2018. 改革开放以来我国农地产权政策演变及未来展望 ［J］. 经济纵横
　　（5）：89 - 96.

赵鲲，李伟伟 . 2016. 土地股份合作、股权逐步固化：高度城镇化地区完善承包经营制度的
　　有益探索——广东佛山农村土地股份合作调查与分析 ［J］. 农村经营管理（9）：22 - 25.

郑旭，张琴 . 2015. 金融支持农地流转：机理及制约因素分析 ［J］. 农村经济（2）：57 - 61.

中共中央办公厅国务院办公厅 . 2016. 关于完善农村土地所有权承包权经营权分置办法的
　　意见 ［EB/OL］. http：//www. gov. cn/xinwen/2016 - 10/30/content ＿ 5 126 200. htm.

周志光 . 2018. 返租倒包：开辟产业革命"新天地"——黎平县中潮镇中潮村利益联结案
　　例解读 ［EB/OL］. http：//ex. cssn. cn/dzyx/dzyx ＿ mtgz/ 201810/t20181009 ＿ 4666598
　　＿ 1. shtml.

Coase R H. 2013. The Problem of Social Cost ［J］. Journal of law economy（4）：20 - 34.

Duke J M，Marišová E，Bandlerová A. 2004. Price repression in the Slovak agricultural land
　　market ［J］. Land Use Policy，21（1）：59 - 69.

Jin S K，Deininger K. 2009. Land rental markets in the process of rural structural transfor-
　　mation：Productivity and equity impacts from China ［J］. Journal of Comparative Eco-
　　nomics，37（4）：629 - 646.

Sheldon I. 2005. Department of Agricultural，Environmental and Development Economics
　　［D］. Columbus：The Ohio State University.

Sherman Chan，2004. Financial Exclusion in Australia ［C］. The Third Australian Society of Heterdox Economics Conference，University of New South Wales.

Sikor T，Müller D，Stahl J. 2009. Land Fragmentation and Cropland Abandonment in Albania：implications for the Roles of State and Community in Post [J]．Socialist Land Consolidation，World Development，37（8）：1411－1423.

Slovak. 2004. agricultural land market [J]．Land Use Policy（21）：59－69.

Terry V D. 2003. Scenarios of central European land fragmentation [J]．Land Use policy（20）：149－158.

后 记
POSTSCRIPT

促进农地有序健康流转，在"十四五"时期及更长时期，对促进农业高质量发展、实施乡村振兴战略均具有十分重要的意义。为此，本书对粮食主产区农地流转现状、问题、影响因素、发展模式及发展思路进行了探索，希望抛出此"砖"，引出更多专家学者进行更深层次、更加系统的探索研究。

本书由河南省农业科学院农业经济与信息研究所为组织撰写，主要撰稿人有：河南省农业科学院农业经济与信息研究所的孟俊杰副研究员、上官彩霞博士、许保疆副研究员，以及王静、孙建军、孟瑶、郭海源、刘诗涵等同志，河南师范大学侯宏伟副教授、河南牧业经济学院梅星星副教授、中南林业科技大学硕士研究生李柯等也参与本书研究和撰写。全书由孟俊杰负责牵头和通稿。具体分工是：第一章由孟俊杰、许保疆承担完成；第二章由孟俊杰、上官彩霞、王静承担完成；第三章由上官彩霞、孙建军承担完成；第四章由孟俊杰、王静、孟瑶等承担完成；第五章由孟俊杰、许保疆、郭海源、刘诗涵承担完成；第六章由孟俊杰、梅星星、王静、孙建军承担完成；第七章由上官彩霞、侯宏伟、李柯、孟瑶承担完成；第八章由孟俊杰、许保疆、李柯等承担完成。

本书在撰写过程中，得到了河南省农业科学院乔鹏程副院长、科技示范推广处田建民书记、农业经济与信息研究所郑国清所长、滕永忠副所长等领导的大力支持、帮助和指导。在课题研究、调研和资料整理过程中，农业农村经济研究团队其他同志也付出了辛勤汗水和劳动。在调研过程中，课题组还得到了河南省农业农村厅以及固始县、滑县、延津县、息县、正阳县、永城市、郸城县、濮阳县等农业农村局等负责同志的大力支持、组织和帮助，也得到了众多村干部、合作社负责人、家庭农场、农业企业、受访农户的大力配合。

在此，对本书所有作者、对本课题和本书给予支持的领导、专家、同事和朋友，一并致以衷心的感谢！

孟俊杰
2021 年 5 月